clave

Yamamoto Tsunetomo (1659-1719) fue un respetado guerrero samurái japonés al servicio de su señor, Nabeshima Mitsushige, al que dedicó su vida durante treinta años. Cuando su señor fallece, al no poder tomar la vía del *seppuku* o suicidio ritual, que fue anulado en 1660, se retiró a un monasterio budista de Saga. Allí, con la ayuda del joven Tashiro Tsuramoto, recoge y unifica todas sus lecciones en *Hagakure. El camino del samurái*, que pasa a ser su obra más conocida. Estos escritos fueron guardados en secreto en el clan Nabeshima durante dos siglos, hasta que finalmente se hizo público en la era Meji, violando la prohibición de no publicarlo que impuso Yamamoto.

Hagakure. El camino del samurái

YAMAMOTO TSUNETOMO

Traducción de
Omar El-Kashef

DEBOLS!LLO

Papel certificado por el Forest Stewardship Council®

Título original: *Hagakure. The Book of the Samurai*

Primera edición con esta presentación: enero de 2017
Décima reimpresión: mayo de 2024

© Yamamoto Tsunetomo
© 2015, Penguin Random House Grupo Editorial, S.A.U.
Travessera de Gràcia, 47-49. 08021 Barcelona
© 2013, Omar El-Kashef, por la traducción
Diseño de la cubierta: Penguin Random House Grupo Editorial / María Pérez-Aguilera
Imagen de la cubierta: © Shutterstock

Printed in Spain – Impreso en España

ISBN: 978-84-9062-915-4
Depósito legal: B-15.717-2015

Impreso en Arteos Digital, S. L.
Martorell (Barcelona)

P 6 2 9 1 5 C

Índice

Prólogo

Hagakure, que significa «oculto bajo las hojas», es un antiguo breviario de caballería escrito en la primera década del siglo XVIII por Yamamoto Tsunetomo. Fue redactado con la intención de recopilar una filosofía que empezaba a perderse, a quedar oculta por el paso del tiempo, y que se había transmitido durante siglos por tradición oral.

Recoge las enseñanzas del *bushido*, que literalmente significa «el camino del guerrero», y que constituía un código de conducta y un modo de vida para los samuráis, una élite militar que durante cientos de años defendió a sus *shogunes* o señores feudales. Sus principios fundamentales eran la lealtad, el deber y el valor.

El *bushido* trasciende el concepto de guerrero y va más allá al establecer los principios que llevan a un hombre o una mujer a pelear sin perder la humanidad, a dirigir un equipo sin perder los valores básicos. Su intención es hacer del guerrero un hombre noble.

Este código tenía cuatro fuentes principales: confucianismo, con el culto y adoración a los antepasados; budismo, con el estoicismo que lleva al samurái a aceptar la muerte como una realidad inevitable; la práctica zen, que les llevaba a perseguir la perfección en todas las cosas; y el sintoísmo, con el amor por los seres vivos y la lealtad hacia sus señores.

El presente volumen es una selección de lo más representativo e interesante del texto original, basada en ediciones anteriores. Se ha omitido por completo el quinto capítulo, que consiste en un listado de fechas y eventos importantes como cumpleaños, visitas, etc. y que consideramos de escaso interés para el lector.

Aunque *Hagakure* fue escrito hace siglos e iba dirigido a una casta guerrera hoy desaparecida, sus principios siguen teniendo la misma vigencia y siguen siendo fuente de apoyo e inspiración para grandes personajes de nuestros tiempos.

El editor.

Capítulo 1
Si bien sería razonable…

Si bien sería razonable pensar que un samurái debería observar la Senda que lleva su mismo nombre, parece que todos hacemos caso omiso de la misma. Por consiguiente, si alguien preguntara: «¿Cuál es el auténtico significado de la Senda del samurái?», rara sería la persona que podría aportar una respuesta expedita. Esto se debe a que no se ha establecido en la mente de uno de antemano. De ahí se entiende la negligencia con respecto a la Senda.

La negligencia es algo extremo.

武士道

La Senda del samurái se halla en la muerte. Cuando le llega a uno o a otro, solo queda la fugaz elección de la muerte. No es particularmente complicada. Hay que estar resuelto de antemano. Decir que se muere sin haber alcanzado nuestro objetivo es morir como un perro, es una frivolidad digna de los más sofisticados. Cuando llega la acuciante elección entre la vida y la muerte, ya no es necesario alcanzar nuestro objetivo.

Todos queremos vivir. Y, en gran medida, adaptamos nuestra lógica a nuestros deseos. No obstante, seguir viviendo a pesar de no haber alcanzado nuestro objetivo es cobardía. Se trata de una línea tan delgada como peligrosa. Morir sin haber alcanzado nuestro objetivo es como la muerte de un perro y como el fanatismo. Pero ello no ha de implicar vergüenza. Esa es la esencia de la Senda del samurái. Si disponemos nuestro corazón cada noche y cada mañana para vivir como si nuestro cuerpo ya estuviese muerto, hallaremos la libertad en la Senda. Toda nuestra vida será intachable y triunfaremos en el momento de la llamada.

武士道

Un hombre es un buen siervo* en la medida en que se entrega a su señor. Esta es la mayor de las dignidades. Si uno nace en una prominente familia que se remonta generaciones atrás, bastará con meditar profundamente cada asunto buscando la satisfacción de los antepasados, con renunciar a nuestra mente y cuerpo, y estimar con ahínco a nuestro señor. Más nos sonreirá la fortuna si, además, poseemos sabiduría y talento y sabemos usarlas adecuadamente. Pero hasta un torpe inútil será un buen siervo a poco que atesore la determinación de pensar en el bien de su señor. La sabiduría y el talento, por sí solos, conforman el escalón más bajo de la utilidad.

武士道

---

* Entiéndase en lo sucesivo como samurái o guerrero al servicio de un señor feudal, no como un criado o mayordomo *(N. del T.)*.

Dependiendo de su naturaleza, hay personas sagaces y otras que han de retirarse para pensar las cosas. Si observamos esta dicotomía atentamente, si uno es egoísta y se adhiere a los cuatro juramentos del samurái Nabeshima, surge una sorprendente sabiduría independiente de los aspectos más bajos o elevados de la propia naturaleza.

La gente cree que puede despejar profundas incógnitas si piensa en ellas con ahínco, pero es este un perverso y estéril ejercicio de reflexión porque este se halla presidido por el interés propio.

Es muy difícil que un necio cambie el egoísmo de sus hábitos. Sin embargo, si abordamos el problema dejándolo al margen en un principio, fijando los cuatro votos en nuestro corazón y excluyendo el egoísmo, con esfuerzo llegaremos mucho más lejos.

武士道

Porque cuando ponemos el énfasis de nuestros actos en nuestra propia sagacidad, nos volvemos egoístas, damos la espalda a la razón y el desenlace no será positivo. Otras personas lo ven como algo sórdido, débil, estrecho e ineficaz. Cuando uno no es capaz de alcanzar la verdadera inteligencia, será bueno que consulte con alguien con sentido común. Un consejero puede cumplir con la Senda al tomar una decisión desinteresada e inteligente, dado que no se halla implicado personalmente. Esta forma de hacer las cosas será vista, sin duda, como algo fuertemente arraigado. Es, por ejemplo, como un gran árbol con muchas raíces. La inteligencia de un hombre es como un árbol que ha sido plantado en el suelo.

武士道

Aprendemos los dichos y las gestas de hombres de tiempos antiguos para impregnarnos de su sabiduría y evitar el egoísmo. Al despojarnos de nuestros propios prejuicios, al seguir los dichos de los antepasados y al imbuir con ellos a nuestros semejantes, las cosas deberían desenvolverse satisfactoriamente y sin contratiempos. El señor Katsushige adoptó la sabiduría del señor Naoshige. Tal cosa se menciona en el *Ohanashi Kikigaki*. Debemos estar agradecidos por su inquietud.

Es más, hubo un hombre que tomó a varios de sus hermanos menores como siervos, y cada vez que visitaba Edo, en la provincia de Kamigata, se hacía acompañar por ellos. Siempre que consultó con ellos, tanto en asuntos públicos como privados, se dice que nunca sufrió contratiempos.

武士道

Sagara Kyuma servía a su señor con absoluta abnegación, como si su cuerpo ya estuviese muerto. Era único entre todos los hombres.

Una vez se celebró una importante reunión en la villa del señor Sakyo Mizugae, y se ordenó a Kyuma que cometiera *seppuku**. Por aquel entonces, en Osaki había una casa de té en la tercera planta de la residencia periférica del

---

* Es el suicidio ritual de los samuráis, llevado a cabo para limpiar cuestiones de honor o evitar la deshonra misma *(N. del T.)*.

maestro Taku Nui. Kyuma la alquiló. Reunió a todos los inútiles de Saga y organizó un espectáculo de marionetas, manejando a una de ellas personalmente, disfrutando y bebiendo todo el día y toda la noche. Así, a la vista de la villa del maestro Sakyo, siguió en su empeño y causó grandes quebraderos. Como causante del desastre, tuvo la gallardía de pensar en su señor y decidió suicidarse.

武士道

La servidumbre no es otra cosa que apoyar a nuestro señor, confiarle lo bueno y lo malo y renunciar al propio interés. Basta con uno o dos hombres así para que el feudo esté a salvo.

Si miramos el mundo cuando las cosas van bien, son muchos los que se empeñan en parecer útiles merced a su sabiduría, discernimiento y astucia. No obstante, si el señor se retirara o se sometiera a un encierro, son muchos los que le darían la espalda y buscarían el favor del notable de turno. Tal cosa siempre es desagradable. Todos los hombres, de alta o baja alcurnia, sabios y astutos, siempre creen que sus actos son justos, pero cuando se trata de renunciar a la propia vida por el señor, todos sienten el temblor en las rodillas y caen postrados. Esto es sumamente deshonroso. El que, en tiempos así, una persona inútil se convierta en un guerrero sin parangón se debe a que ya ha entregado su vida para ser uno con su señor. Un ejemplo de esto se vivió a la muerte de Mitsushige. Yo era su único y resuelto siervo. Los demás seguían mi estela. Siempre son los notables más pretenciosos, más sumidos en la autoafirmación, los primeros que dan la espalda a su señor tan pronto empieza a cerrar los ojos en el lecho de muerte.

Se dice que la lealtad es un elemento capital en el compromiso que vincula al señor con su siervo. Aunque muchas veces parezca imposible de obtener, siempre está delante de uno. Si te abandonas a ella, te convertirás en un excelente siervo en ese mismo instante.

武士道

Dar una opinión a otra persona y corregir sus fallos es algo importante. Es algo compasivo y ha de presidir el servicio a otro. Sin embargo, cómo hacerlo es un asunto extremadamente arduo. Hallar los puntos positivos y negativos de alguien es fácil, al igual que aportar una opinión al respecto. En gran medida, la gente cree que es amable al decir cosas que a los demás resulta desagradable o difícil verbalizar. Pero si la apreciación no es bien recibida, creen que nada más se puede hacer. Esto es absolutamente inútil. Es como avergonzar a alguien calumniándolo. No sirve más que para deshonrarse.

Para dar una opinión, primero uno ha de juzgar si la otra persona está en buena disposición para recibirla o no. Uno ha de trabar intimidad con esa persona y asegurarse de que confíe en nuestra palabra; uno ha de acercarse a personas que le sean queridas y buscar las mejores palabras para hacerse entender. Uno ha de juzgar la ocasión y determinar si es mejor verter esa opinión en una misiva o en una conversación. Uno ha de alabar las virtudes del otro y emplear todo recurso para alentarlo, quizá tratando los propios fallos sin tocar los suyos, pero de tal modo que pueda pensar en ellos. Uno ha de conseguir que el otro reciba estas opiniones como recibe su seca garganta un sorbo de agua, y tal opinión podrá enmendar errores.

Es algo harto complicado. Si el fallo de una persona se debe a años de costumbre, imposible será de remediar a grandes rasgos. Yo mismo he pasado por una experiencia similar. Trabar una intimidad con los camaradas de uno, corregir las faltas recíprocamente y tener la predisposición mental de ser de la mayor utilidad para el señor supone el mayor exponente de la compasión de un siervo. ¿Cómo puedes esperar que alguien se convierta en una mejor persona si la avergüenzas?

武士道

Es desconsiderado bostezar delante de los demás. Cuando uno ha de bostezar inesperadamente, frotarse la frente hacia arriba aplacará tal necesidad. Si eso no funciona, uno puede lamerse los labios mientras mantiene la boca cerrada, o simplemente ocultarla con la mano o tras la manga de modo que nadie sepa lo que está haciendo. Lo mismo ocurre con el estornudo. El estornudo nos puede hacer parecer necios. Hay más cosas, aparte de estas, de las que todos debemos preocuparnos y entrenar para evitarlas.

武士道

Cuando alguien decía que habría que detallar los asuntos de la actual economía, otro respondió que no era buena idea.

Es un hecho que los peces no viven donde el agua está demasiado clara. Pero si hay lentejas de agua, o algo parecido, el pez se ocultará bajo su sombra y prosperará. Del mismo modo, las clases inferiores vivirán tranquilamente si ciertos asuntos son pasados por alto o se mantienen en silencio. Ha de entenderse este hecho en relación con la conducta de las personas.

武士道

Una vez, cuando el señor Mitsushige era pequeño y debía recitar de memoria para el monje Kaion, llamó a los otros niños y aprendices y dijo: «Por favor, acercaos y escuchad. Es muy difícil recitar si apenas hay quien te escuche».

El monje, impresionado, se dirigió a los aprendices: «Ese es el ánimo que ha de impulsar todos nuestros actos».

武士道

Cada mañana, lo primero que uno ha de hacer es rendir homenaje al señor, a sus padres y luego a sus deidades patronas y Budas protectores. Si anteponemos en este sentido a nuestro señor, sus padres se regocijarán y sus dioses y Budas nos darán su aprobación. Para un guerrero, no hay cosa más importante que pensar en su señor. Si uno se resuelve a ello, siempre se preocupará por la persona de su señor y no se separará de él por un solo instante.

Además, una mujer debería anteponer a su marido, como este a su señor.

武士道

Según cierta persona, hace unos años Matsuguma Kyoan contó esta historia: «En la práctica de la medicina existe una diferenciación en el tratamiento en función del Yin y el Yang de hombres y mujeres. También hay una diferencia en el pulso. En los últimos cincuenta años, no obstante, el pulso de los hombres se ha equiparado al de las mujeres. Al darme cuenta de ello, apliqué el tratamiento de las mujeres a los hombres en una dolencia del ojo, y descubrí que funcionaba satisfactoriamente. Al aplicar el tratamiento masculino a los hombres, noté que no daba ningún resultado. De ese modo supe que el espíritu de los hombres se había debilitado, que eran como las mujeres y que había llegado el fin del mundo. Desde que llegué a tan indiscutible conclusión, decidí mantenerla en secreto».

Al contemplar a los hombres de hoy teniendo esto en mente, muchos son, ciertamente, los que cabría esperar que albergaran un pulso de mujer, y pocos los que podríamos considerar auténticos hombres. Debido a esto, a poco que uno se esforzase, saldría victorioso fácilmente. El que cada vez sean menos los hombres diestros en la decapitación es una muestra más de que el valor masculino se ha evaporado. Y puestos a hablar del *kaishaku**, son estos tiempos en los que los hombres son prudentes

---

* El *kaishaku* o *kaishakun* era el encargado de asistir al que se suicidaba por cuestiones de honor cometiendo *seppuku* (evisceración con la *katana*). Si el suicida dudaba, el *kaishaku* lo decapitaba con su propia espada *(N. del T.)*.

y astutos compositores de excusas. Hace cuarenta o cincuenta años, cuando cosas como el *matanuki** eran consideradas prácticas viriles, un hombre era incapaz de mostrar un muslo sin cicatrices a sus compañeros, de modo que él mismo se las provocaba.

Los asuntos de los hombres son sangrientos. Hoy, tal cosa es considerada una locura; los asuntos se resuelven con la inteligencia, usando solo las palabras, y los trabajos que requieren de fuerza son evitados. Quisiera que los más jóvenes comprendieran esto.

武士道

El monje Tannen solía decir: «La gente no comprende porque los monjes solo enseñan la doctrina de la "No mente". La "No mente" es la mente pura, la que prescinde de las complicaciones». Esto es interesante.

El señor Sanenori dijo: «En el transcurso de una respiración, donde no puede ocultarse la perversidad, es donde se halla la Senda». De ser así, entonces solo hay una Senda. La pureza solo puede alcanzarse apilando esfuerzo sobre esfuerzo.

武士道

No hay cosa por la que debamos estar más agradecidos que por la última línea del poema: «Cuando lo pida tu

---

* Es el arte de punzarse en el muslo con una espada o cualquier otro objeto punzante como demostración de valor (*N. del T.*).

corazón». Podría pensarse lo mismo del *Nembutsu**, que antes estaba en labios de muchas personas.

Actualmente, la gente tildada de «inteligente» se adorna con sabidurías superficiales y lo único que hace es engañar a los demás. Por ello son peores que los más apáticos. Una persona apática es directa. Si uno observa en lo profundo de su corazón teniendo en cuenta la frase arriba mencionada, no hallará recovecos ocultos. Será un buen examinador. Uno ha de tener en cuenta que no habrá por qué avergonzarse al examinarse a sí mismo.

武士道

La palabra *gen* significa «ilusión» o «aparición». En la India, un hombre que utilice conjuros se conoce como un *genjutsushi* («maestro de la técnica ilusoria»). Todo lo que ocurre en este mundo no es más que un espectáculo de marionetas. Así entendemos la palabra *gen*.

武士道

Odiar la injusticia y mantenerse fiel a la rectitud no es sencillo. Sin embargo, pensar que la rectitud es lo mejor de lo que uno es capaz y orientar nuestros mayores esfuerzos en aras de esa rectitud puede desembocar en numerosos errores. La Senda está por encima de la rectitud. Es algo muy difícil de descubrir, pero se halla en el escalafón más alto de la sabiduría. Contemplado desde

---

* Plegaria del budismo Shin *(N. del T.)*.

este punto de vista, conceptos como la rectitud se antojan algo superficiales. Si uno no es capaz de comprender esto por sus propios medios, jamás lo hará. Existe, no obstante, una forma de alcanzar esta Senda, aunque uno no pueda hacerlo por sus propios medios: consultando a los demás. Hasta el que no ha sido capaz de alcanzar la Senda puede ver de soslayo a los que sí lo han hecho. Es parecido al dicho sobre el juego del *go*: «Quien vea de soslayo, tendrá ocho ojos». El dicho: «Meditación a meditación, vislumbramos nuestros errores» también significa que la Senda más elevada es el debate con los demás. Escuchar antiguos relatos y leer libros sirve para prescindir de nuestras discriminaciones y abrazar las de nuestros ancestros.

武士道

Cierto espadachín dijo en sus años de declive que en la vida de cada cual existen etapas en el estudio. En la etapa más baja, uno estudia, pero no obtiene nada de ello, y siente que tanto uno como los demás son torpes. En este punto se siente inútil. En la etapa intermedia, sigue sintiéndose inútil, pero es consciente de sus propias carencias, así como de las de los demás. En la etapa alta, uno se enorgullece de su propia habilidad, se regocija en el elogio de los demás y lamenta la carencia de habilidades en quienes no las tienen. Uno ya no es inútil. En la etapa superior uno proyecta el aspecto de no saber nada.

Estos son los niveles en general, pero existe uno trascendental, la excelencia absoluta. El que llega es consciente de la infinidad que supone adentrarse profundamente en la Senda, y nunca considera haber alcanzado una cima.

Tampoco alberga pensamientos de orgullo, sino que se dispone a recorrer el camino hasta el final con humildad. Se dice que el maestro Yagyu una vez constató: «Solo sé cómo se me derrota a mí, no a los demás».

En la vida hay que progresar a diario, ser hoy más hábil que ayer y menos que mañana. El camino nunca termina.

武士道

Entre las máximas prendidas de la pared del señor Naoshige encontramos esta: «Los asuntos especialmente graves han de tratarse con ligereza». El maestro Ittei comentó: «Los asuntos triviales han de tratarse con gravedad». Uno no debería enfrentarse a más de dos o tres asuntos tildados de graves. Si meditamos en ellos durante los momentos de rutina, podremos llegar a comprenderlos. La clave está en pensar en los asuntos de antemano y formularlos con sencillez llegado el momento. Afrontar un problema nuevo y resolverlo es difícil si no eres resuelto de antemano, y siempre albergarás inseguridad antes de dar en el blanco. No obstante, si previamente estableces unas bases puedes repetir el dicho: «Los asuntos especialmente graves han de tratarse con ligereza», como sustento mismo de tus acciones consiguientes.

武士道

Alguien pasó varios años de servidumbre en Osaka y después regresó a su casa. Cuando apareció en la oficina local, todos se sorprendieron y se echaron a reír porque hablaba el dialecto kamigata. Visto bajo ese prisma, cuando uno ha pasado mucho tiempo en las zonas de Ado o Kamigata, lo mejor que puede hacer es utilizar su dialecto natal más incluso de lo normal.

En una provincia más sofisticada, es normal que la disposición de uno se vea afectada por diversos estilos. Pero es vulgar y necio mirar por encima del hombro a los de nuestro propio distrito, considerándolos groseros, o siquiera mostrarse mínimamente abierto a la persuasión del estilo del otro lugar y a la tentación de renunciar a nuestras propias raíces. El que el distrito de uno sea tosco y vulgar es un gran tesoro. La mera imitación de un estilo que no sea el propio es simple hipocresía.

Un hombre le dijo al monje Shungaku: «El carácter de la secta sutra del Loto es bueno por el temor que suscita». Shungaku replicó: «Es la secta del sutra del loto precisamente por su carácter atemorizante. Si su carácter no fuera ese, sería una secta completamente distinta». Esto es razonable.

武士道

En una ocasión, por razón de un concilio para debatir el ascenso de cierto hombre, sus miembros llegaron al punto de decidir que tal ascenso era inútil, ya que el hombre había estado envuelto en una pelea de borrachos previamente. Pero alguien dijo: «Si tuviésemos que relegar a cada hombre que hubiese cometido un error, probablemente no quedarían hombres de valía. Un hombre que cometa un error será considerablemente más prudente en lo sucesivo merced a su arrepentimiento. Creo que debería ser ascendido».

Entonces otro preguntó: «¿Responderás por él?», y el primero respondió: «Por supuesto que sí».

Los demás inquirieron: «Y cómo responderás por él?».

Y él dijo: «Lo haré en virtud de que es un hombre que erró una vez. Cualquiera que no haya errado nunca es peligroso», dicho lo cual, el aludido recibió su ascenso.

武士道

Durante una deliberación concerniente a unos criminales, Nakano Kazuma propuso un castigo más ligero del que hubiera sido apropiado. Era ese un tesoro de sabiduría del que solo él era el poseedor. En ese momento, si bien había presentes varios hombres, de no ser por Kazuma, nadie habría abierto la boca. Por eso se le conoce como Maestro del Comienzo y Maestro de los Veinticinco Días.

武士道

Alguien fue avergonzado por no haber emprendido una venganza. La venganza es acudir a un sitio para que te cercenen. No hay vergüenza alguna en ello. Al creer que has de acometer la tarea, se te acabará el tiempo. Al tomar en consideración cosas, como cuántos hombres tiene el enemigo, el tiempo se amontona; al final acabarás rindiéndote.

Poco importa que el enemigo cuente con miles de hombres; lo importante es mantenerse incólume frente a ellos y decidido a pasarlos a todos por la espada, empezando desde un extremo. Conseguirás acabar con la mayor parte.

武士道

En cuanto al asalto nocturno del *ronin** del señor Asano, el hecho de que los asaltantes no cometieran *seppuku* en el Sengakuji fue un error, pues pasó mucho tiempo entre la muerte de su señor hasta la muerte de su enemigo. Si el señor Kira hubiese muerto de enfermedad en ese periodo, hubiera sido extremadamente lamentable. Dada su especial sabiduría, los hombres de la provincia de Kamigata se desenvuelven muy bien en actos de alabanza, pero no pueden hacer las cosas indiscriminadamente, como ocurrió en la lucha de Nagasaki.

Si bien las cosas no han de ser juzgadas de esta manera, lo menciono en la investigación de la Senda del samurái. Llegado el momento, no habrá cuartel para el razonamiento. Y si no has realizado la pesquisa de antemano, el resultado será generalmente la vergüenza. Leer libros y escuchar lo que otros tienen que decir sirve para la previa resolución.

La Senda del samurái debería consistir, por encima de todo, en ser consciente de que no sabemos qué va a ocurrir en el plazo inmediato y cuestionarse todas las cosas, día y noche. La victoria y la derrota son relativas a la temporal fuerza de las circunstancias. La forma de evitar la vergüenza es diferente. Esta solo se halla en la muerte.

Aunque una derrota parezca segura, lucha. Ninguna sabiduría o técnica tienen nada que ver en esto. Un

---

* Un *ronin* es un samurái sin amo, sin señor feudal, que elige a quién sirve *(N. del T.)*.

hombre auténtico no piensa en la victoria o en la derrota. Al hacerlo, despertarás de tus sueños.

Hay dos cosas que pueden mancillar a un siervo: las riquezas y el honor. Si uno se mantiene en las circunstancias más duras, permanecerá impoluto.

Una vez, hubo un hombre especialmente inteligente, pero en su carácter estaba el ver siempre lo negativo de sus obras. De tal modo, uno se vuelve inútil. Si uno no se convence desde el primer momento de que el mundo está repleto de situaciones indecorosas, sus modales serán, por lo general, pobres y carecerá del crédito de los demás. Y si uno no goza de tal crédito, por buena persona que pueda ser, carecerá de la esencia de las buenas personas. Esto puede considerarse una mancha.

Alguien dijo: «Este y aquel tienen una predisposición a la violencia, pero yo les dije esto a la cara…». Esto es algo inoportuno, y solo lo dijo porque quería darse a conocer como una persona dura. Fue, sin embargo, algo vulgar, delator de cierta inmadurez. Un samurái es admirado por sus modales y corrección. Hablar de los demás en ese tono no difiere del intercambio entre lanceros de baja cuna. Es vulgar.

No es bueno afincarse en una serie de opiniones. Esforzarse para comprender solo algunas cosas y quedarse ahí es un error. Esforzarse al principio para asegurarse de que uno ha adquirido los conocimientos básicos y entonces practicar para realizarse, es algo que nunca cesará en el curso de la vida. No te conformes con el grado de entendimiento que has descubierto, sino más bien piensa: «Esto no es suficiente». Uno ha de buscar a lo largo de toda su vida la mejor forma de observar la Senda. Debería estudiar, haciendo trabajar a la mente sin dejarse nada de lado. Ahí radica la Senda.

武士道

Estos son algunos de los dichos registrados de Yamamoto Jin'emon:

- Si puedes entender una cosa, podrás entender ocho.

- Una risa afectada demuestra falta de respeto en uno mismo en un hombre, y lascivia en una mujer.

- Ya sea en una conversación formal o no, hay que mirar al interlocutor siempre a los ojos. Un saludo cordial es preceptivo al inicio y al final de la conversación. Hablar con la mirada baja significa dejadez.

- Dejadez es ir con las manos en los bolsillos de la *hakama*.

- Tras leer libros y similares, es mejor quemarlos o tirarlos. Dicen que la lectura de libros es labor de la Corte Imperial, mientras que la labor de la Casa Nakano es el valor militar, sujetando un bastón de roble.

- Un samurái sin grupo ni caballo no es un samurái.

- Un *kusemono* es un hombre en el que se puede confiar.

- Se dice que uno ha de levantarse a las cuatro de la mañana, bañarse y acicalarse el pelo diariamente, comer al alba y retirarse al ocaso.

- Un samurái usará un palillo aunque no haya comido. Dentro la piel del perro, fuera el pelaje del tigre.

武士道

¿Cómo debería responderse a la pregunta: «Como ser humano, ¿qué es lo esencial en cuanto a la determinación y la disciplina?»? Primero, digamos: «Lo esencial es alcanzar inmediatamente un estado puro y sin complicaciones». Por lo general, la gente suele albergar objeciones. Cuando uno goza de un estado mental puro y sin complicaciones, su expresión será vivaz. Cuando uno atiende asuntos, hay una cosa que se resalta en su corazón. Esa cosa es, en cuanto a su señor, la lealtad; en cuanto a los padres, la devoción filial; en cuanto a los asuntos marciales, el valor; y, aparte de eso, algo que pueda emplear todo el mundo.

Es esto algo muy difícil de descubrir. Una vez hecho, sigue siendo difícil mantener un efecto constante. No hay nada más allá del pensamiento en el momento inmediato.

武士道

Cada mañana, el samurái de hace cincuenta o sesenta años solía bañarse, afeitarse la frente, untarse el pelo con loción, cortarse las uñas de manos y pies y frotarlas con una piedra pómez y una acedera de madera. Cuidar, sin falta, su aspecto personal. Huelga decir que su armadura, en general, estaba libre de toda corrosión, limpia, pulida y dispuesta.

Si bien puede ser tentador pensar que el cuidado del aspecto personal puede conllevar algo de ostentación, nada tiene que ver con la elegancia. Por muy consciente que seas de que puedes morir en cualquier momento, resuelto a una muerte inevitable, si caes con un aspecto inapropiado, habrás dado la espalda a tu anterior determinación, serás despreciado por tu enemigo y parecerás impuro. Por esta razón se dice que tanto ancianos como jóvenes han de cuidar su aspecto.

Por mucho que se diga que esto es tedioso y es una pérdida de tiempo, ahí radica precisamente la labor del samurái. No es tedioso ni supone una pérdida de tiempo alguna. Se trata de endurecer con la constancia la propia determinación para morir en el campo de batalla, de asumir deliberadamente que uno ha muerto en vida. Lidiar con tales labores, así como los asuntos militares, no debería redundar en vergüenza alguna. Pero, llegado el momento, uno soportará el peso de la deshonra si no es consciente de tales cosas siquiera en sus sueños, pasando los días en el interés egoísta y la indulgencia. Y si uno considera que esto no es digno de vergüenza, en la consideración de que nada importa más que la propia comodidad, entonces sus actos disipados y descorteses serán repetidamente lamentables.

El que no tenga una determinación establecida de antemano hacia la muerte inevitable, se asegura una mala muerte. Pero si uno se halla resuelto a dicha muerte con antelación, ¿en qué manera puede resultar despreciable? Hay que ser especialmente diligente en este particular.

Además, en los últimos treinta años las costumbres han cambiado; ahora, cuando los jóvenes samuráis forman burlones corrillos, si no median en la conversación los asuntos de dinero, de pérdida y ganancia, de secretos, de estilos de vestimenta o asuntos sexuales, no hay razón para reunirse siquiera. Las costumbres se hacen añicos. Puede decirse que, antes, cuando un hombre alcanzaba la edad de veinte o treinta años, no albergaba nada despreciable en su corazón, por lo que su boca tampoco verbalizaba nada igualmente calificable. Si un anciano decía algo así inconscientemente, lo consideraba una suerte de injuria. Esta nueva cuestión aparece probablemente porque la gente adjudica importancia a dar una apariencia atractiva ante la sociedad y a la economía doméstica. ¡De qué gestas serían capaces las personas si no estuviesen lastradas por la preocupación de su lugar en la sociedad!

Qué miserable es que los jóvenes de hoy sean tan confabuladores y orgullosos de sus posesiones materiales. Los hombres con corazones confabuladores no saben nada del deber. Y carecer de deber es carecer de respeto en uno mismo.

武士道

Según el maestro Ittei, hasta el pobre escriba adquirirá una maestría en la caligrafía si imita a un modelo adecuado y se esfuerza. Un siervo debería seguir el mismo camino, si toma a otro siervo modélico como ejemplo.

Hoy, sin embargo, no existen siervos modélicos. A la luz de tal, sería adecuado buscar ese modelo y aprender de él. Para ello, uno debería buscar en mucha gente y escoger de cada uno su mejor virtud. Por ejemplo, una persona por su cortesía, otra por su valor, otra por su clara oratoria, otra por la corrección en la conducta y otra por el equilibrio de su mente. Así se forjan los modelos.

Un aprendiz no estará tampoco a la altura de las virtudes de su maestro en el mundo del arte, si solo percibe sus defectos. Eso es inútil. Hay personas que destacan en los modales, pero que carecen de honradez. Si imitamos a alguien así, uno correrá el riesgo de omitir la cortesía e imitar únicamente la falta de honradez. Si percibimos las virtudes de alguien, esa persona podrá ser un modelo para todo.

武士道

Al entregar algo como una misiva o cualquier otro documento escrito importante, aferra el objeto en tus manos en todo momento y no lo sueltes nunca, y entrégaselo directamente al destinatario.

武士道

Un siervo es alguien que permanece concentrado las veinticuatro horas del día, ya sea en presencia de su señor o en público. Si uno es descuidado durante sus momentos de descanso, el público solo verá en él su dejadez.

武士道

Al margen de la clase, alguien que haga algo más allá de su estrato social, cometerá en algún momento actos perversos o cobardes. En las clases inferiores, serán más incluso los que huirán. Hay que tener cuidado con lacayos y similares.

武士道

Hay mucha gente que, al ligarse a las artes marciales y aceptar aprendices, cree que ha alcanzado la plenitud del guerrero. Pero es ciertamente lamentable un despliegue tal de esfuerzos para acabar siendo un «artista». En la técnica artística es bueno aprender para no tener carencias. En general, una persona versátil en muchas disciplinas es considerada vulgar, ducha solo en las generalidades de una variedad de temas de importancia.

武士道

Cuando el maestro te dice algo, sea para bien o para mal, una retirada en silencio demuestra perplejidad. Siempre ha de haber una respuesta apropiada. Es muy importante que haya una determinación de antemano.

Además, si en el momento en el que se te pida realizar una tarea estás sumido en una profunda felicidad o gran orgullo, eso será precisamente lo que delate tu rostro. Es algo que se ha visto mucho y es ciertamente impropio. Pero otro tipo de persona conoce sus propios defectos y piensa: «Soy torpe, pero se me ha pedido que realice la tarea de todos modos. ¿Cómo acometerla? Creo que será causa de gran aflicción y preocupación». Si bien estas palabras nunca se dicen, se manifestarán en la superficie. Esto es muestra de modestia.

Mediante la inconsistencia y la frivolidad nos mantenemos apartados de la Senda y nos mostramos al mundo como inexpertos. De este modo, es mucho el daño que hacemos.

武士道

El aprendizaje es buena cosa, pero a menudo conduce a errores. Es como en la llamada de atención del monje Konan. Merece la pena contemplar las gestas de personas realizadas para sondear nuestras propias insuficiencias. Pero esto no ocurre la mayor parte de las veces. Por lo general, nos decantamos por admirar nuestras propias opiniones y nos aficionamos a la polémica.

武士道

El año pasado, en una gran conferencia, un hombre expresó su opinión discrepante y aseguró que mataría al líder de la misma si no comulgaba con ella. Su moción fue aprobada, tras lo cual dijo: «El consenso llegó enseguida. Creo que son demasiado débiles y poco fiables para convertirse en consejeros del señor».

武士道

Cuando un lugar oficial se encuentra atestado y alguien irrumpe desconsideradamente con algún asunto, normalmente habrá quien lo trate con frialdad y se enoje. Esto no es nada bueno. En tales momentos, la etiqueta del samurái ha de servir para calmarlo y tratar a dicha persona con buenos modales. El trato arisco es el modo de los lacayos de clase media.

武士道

Según sea la situación, habrá momentos en los que uno deba depender de otra persona por alguna razón. Si esto se da repetidamente, nos arriesgaremos a importunar a esa persona, que podría acabar irritándose. Cuando haya que hacer algo, lo mejor será no depender de nadie.

武士道

Se puede aprender algo de un aguacero. Cuando te sorprende, intentas correr para no mojarte. Sin embargo, aunque transites bajo los salientes de las casas, no puedes evitar mojarte. Pero si atesoras una determinación de antemano, nada te sorprenderá, por mucho que te mojes igualmente. Este ejemplo se extiende a todas las cosas.

武士道

En China hubo un hombre aficionado a las imágenes de dragones, gusto que se extendía a su ropa y al diseño de sus muebles. Su hondo apego por los dragones llamó la atención del dios dragón, y un día uno auténtico se presentó delante de su ventana. Se dice que se murió del susto. Probablemente se tratara de un hombre que hablaba con grandes palabras y actuaba de manera muy distinta al afrontar los hechos.

武士道

Otra persona era un maestro en el manejo de la lanza. En su lecho de muerte, llamó a su mejor discípulo y le reveló su último mandato: «Te he legado todas las técnicas secretas de esta escuela, ya no queda nada más que decir. Si vas a tomar tu propio discípulo, tendrás que practicar diligentemente con la espada de bambú a diario. La superioridad no es solo cuestión de técnicas secretas».

Asimismo, en las instrucciones de un maestro de *renga* se indicaba que el día anterior al evento poético hay que calmar la mente y leer un conjunto de poemas. A esto se llama concentrarse en una tarea. Todas las profesiones deberían ejercerse con la misma concentración.

武士道

Si bien el término medio es la medida de todas las cosas, en los asuntos militares siempre debemos ansiar ser mejores que los demás. Según manda el arte de la arquería, la mano derecha y la izquierda han de estar niveladas, pero la derecha tiende a quedar más alta. Solo quedarán niveladas si bajamos un poco la derecha antes de disparar. En las leyendas de antiguos guerreros se dice que si uno desea superar a los demás guerreros, y si atesora día y noche el deseo de derribar a algún enemigo poderoso, se hará infatigable y fiero de corazón, y su valor será manifiesto. Este principio también debería regir todos los asuntos diarios.

Existe una manera de criar al hijo de un samurái. Desde su infancia, hay que incentivar su coraje y evitar las peleas y las molestias triviales. La cobardía de infancia perdura como una cicatriz de por vida. Es insensato que los padres fomenten en el hijo el miedo a los truenos, que no le hagan entrar en lugares oscuros o le cuenten historias de miedo para que dejen de llorar.

Además, un niño se volverá tímido si es reprendido con severidad.

No hay que permitir que se formen malos hábitos. Tras desarrollar un mal hábito, por mucho que se reprenda al niño, el problema no mejorará. En cuanto a la corrección en el lenguaje y los buenos modales, hay que sensibilizar al niño poco a poco. Que no conozca la avaricia. Aparte de esto, si es de naturaleza normal, debería desarrollarse adecuadamente a lo largo de su crianza.

Asimismo, el hijo de padres aquejados de malas relaciones mutuas será indigno. Esto es natural. Hasta las aves y las bestias son afectadas por lo que ven y oyen desde el momento en que nacen. Además, la relación entre el padre y el hijo puede deteriorarse por la necedad de la madre. Una madre ama a su hijo por encima de todas las cosas, y se pondrá de parte del vástago que sea reprendido por su padre. Si ella se convierte en la aliada del hijo, se generará discordia entre padre e hijo. Debido a la escasa profundidad mental de la madre, esta ve a su hijo como el apoyo que necesitará en su vejez.

Los demás se aprovecharán de ti cuando tu determinación sea laxa. Además, si en una reunión te distraes mientras habla otro, por tu torpeza podrás llegar a pensar que es de tu misma opinión y dirás: «Claro, por supuesto», aunque haya dicho algo contrario a tus propios sentimientos, y otros creerán de verdad que estás de acuerdo con él. Debido a esto, no deberías distraerte nunca, ni siquiera por un mínimo instante, cuando estés reunido con otras personas.

Cuando se escucha un relato o se nos dirige la palabra en una conversación, debemos vigilar que no nos hagan quedar en ridículo, y si no estamos de acuerdo con algo, debemos decirlo en voz alta para mostrar a nuestro interlocutor su propio error y entramparlo en la situación. Los errores nacen de las cosas más pequeñas hasta en los asuntos más nimios. No hay que olvidarlo nunca. Además, es sensato no hacerse amigo de hombres de los que un día albergamos dudas. Hagamos lo que hagamos, siempre serán rivales. Para estar seguro, es necesaria mucha carga de experiencia.

武士道

El dicho «Las artes ayudan al cuerpo» es para los samuráis de otras regiones. Para los samuráis del clan Nabeshima, las artes traen la ruina al cuerpo. En cualquier caso, el practicante de un arte es un artista, no un samurái, y uno debería albergar la intención de ser llamado samurái.

Cuando uno tenga la convicción de que hasta la menor de las habilidades artísticas es dañina para el samurái, todas las artes le serán de utilidad. Es algo que uno debe comprender.

武士道

Normalmente, mirarse al espejo y acicalarse es suficiente para mantener el adecuado aspecto personal. Esto es de suma importancia. El aspecto de la mayoría de las personas es deficiente porque no se miran lo suficiente al espejo.

El entrenamiento de la oratoria puede realizarse en casa.

La práctica en la redacción de cartas ha de tomarse muy seriamente, incluso en las misivas de una sola línea.

Es bueno que todo lo anterior venga impregnado de una fuerza discreta. Además, según lo que escuchó el monje Ryozan cuando estuvo en la provincia de Kamagata, cuando escribimos una carta, debemos pensar que el destinatario la colgará en un pergamino en la pared.

武士道

Se dice que no debemos dudar en corregirnos a nosotros mismos cuando erramos. El que se corrige a uno mismo sin el menor atisbo de tardanza, verá sus errores esfumarse. Pero, por el contrario, quien trata de tapar los errores, los volverá más indecorosos y dolorosos. Cuando surgen las palabras menos adecuadas, si expresamos nuestros pensamientos rápida y claramente, aquellas no tendrán efecto ni se verán obstruidas por la preocupación. No obstante, si hay alguien que nos imputa el uso inadecuado, tendremos que estar dispuestos para decir algo como:

«He explicado las razones de mi imprudente discurso. Nada puedo hacer si no atiendes a mis razones. Dado que lo he dicho involuntariamente, debería obrar como si no lo hubiese dicho en absoluto. Nadie puede evitar la culpa».

No se debe hablar de personas o secretos. Además, solo habremos de hacerlo en función de cómo juzguemos los sentimientos del interlocutor.

武士道

El secreto de una caligrafía correcta no es otro que evitar el descuido, pero solo con eso, nuestro estilo será desmadejado y agarrotado. Hay que ir más allá y alejarse de la norma. Este principio sirve para todas las cosas.

武士道

Se dice: «Cuando atisbas el corazón de una persona, enferma». Cuando uno está enfermo o en dificultades, muchos de los que solían mostrarse cercanos en la vida se verán atenazados por la cobardía. Siempre que alguien se halle en circunstancias infelices, tendremos que interesarnos por él y enviarle regalos. Y nunca, jamás, deberemos descuidar a nadie de quien hayamos recibido un regalo.

Son cosas como estas las que permiten ver cómo nos consideran los demás. Son muchos, en este mundo, los que se dejarán en manos de otros cuando tengan dificultades y luego ni siquiera se acuerden de ellos.

No podemos saber si una persona es buena o mala en función de las vicisitudes de su vida. La buena y la mala fortuna son cosas del destino. Las buenas y malas acciones son cosas de la voluntad humana. La retribución del bien y el mal se enseña como una simple lección moral.

武士道

Una vez, Morooka Hikoemon tuvo que jurar ante los dioses sobre la veracidad de un asunto. Pero dijo: «La palabra de un samurái es más dura que el metal. Desde que me he imbuido en tal convicción, ¿qué he de temer de dioses y Budas?», y se canceló el juramento. Esto ocurrió cuando tenía veintiséis años.

武士道

El maestro Ittei dijo una vez: «Todo aquello por lo que uno rece le será concedido. Hace mucho tiempo, no había setas *matsutake* en nuestra provincia. Unos hombres que las vieron en la provincia de Kamigata rezaron para que crecieran allí y hoy pueden encontrarse por todo Kitiyama. En el futuro, me gustaría que creciese en nuestra provincia el ciprés japonés. Dado que esto es algo que todo el mundo anhela, creo que ocurrirá en el futuro. Así, todo el mundo debería rezar por ello».

武士道

Cuando ocurre algo extraordinario, es ridículo achacarlo al misterio o al presagio de algo por venir. Los eclipses de sol y luna, los cometas, las nubes que ondean como banderas, la nieve en el quinto mes, las centellas en el decimosegundo, y demás, son cosas que ocurren cada cincuenta o cien años. Se producen acorde con la evolución del Yin y el Yang. El hecho de que el sol salga por el este y se ponga por el oeste también podría considerarse un misterio, de no ser porque sucede todos los días. Es parecido. Además, el hecho de que siempre ocurra algo malo cada vez que tenga lugar cierto fenómeno extraño se debe más a la voluntad de quienes lo presencian que a otra cosa. El misterio se crea en sus mentes, las cuales, predispuestas a ver el desastre en cualquier sitio, cumplen la profecía que ellas mismas han dado lugar.

Los misterios siempre se transmiten mediante la palabra.

Las personas calculadoras son despreciables. La razón es que el cálculo tiene que ver con la pérdida y la ganancia, y la mente preocupada en la pérdida y la ganancia nunca para. La muerte se considera pérdida y la vida ganancia. Por ello, la muerte es algo carente de valor para tales personas, razón por la cual son despreciables.

Además, los estudiosos y similares son personas que, con su astucia y su verbo, ocultan su cobardía y avaricia interiores. Es algo que a menudo se juzga erróneamente.

El señor Naoshige dijo una vez: «La Senda del samurái se halla en la desesperación. Ni diez o más hombres podrán matar a alguien con desesperación. El sentido común no lleva a grandes logros. Hay que alejarse de la cordura y abrazar la desesperación. En la Senda del samurái, si discriminamos, caemos en la discriminación ajena. No se requiere ni lealtad, ni devoción, sino simplemente abrazar la desesperación en la Senda. La lealtad y la devoción son intrínsecas a la desesperación».

El dicho de Shida Kichinosuke es una paradoja: «Cuando se presenta la elección de vivir o morir, siempre que no quede atrás nada que nuble nuestra reputación, siempre será mejor vivir». También dijo: «Cuando se presente la elección de ir o no ir, siempre será mejor no ir». La moraleja podría ser que cuando se presenta la elección entre comer o no comer, siempre será mejor no hacerlo. Cuando se presente la de morir o no morir, siempre será mejor morir.

Al enfrentarse a la calamidad o a situaciones difíciles, no basta con aseverar que no nos frustramos. Ante dichas situaciones, uno ha de lanzarse hacia ellas con valor y alegría. Se trata de atravesar una sola barrera, y, como reza el dicho: «Cuanto más alta el agua, más alta la barca».

Es inánime afirmar que no podemos alcanzar las cumbres que hemos visto y oído lograr a los maestros. Los maestros son hombres, como tú. Si crees que serás inferior en el acometimiento de una empresa, pronto discurrirás por ese camino.

El maestro Ittei dijo: «Confucio era sabio porque tuvo la fuerza de voluntad para convertirse en erudito a los quince años, no por lo que estudió más tarde». Es como la máxima budista, según la cual «Primero es la atención y después la iluminación».

武士道

Un guerrero ha de tener cuidado en todo lo que hace y nunca ha de conformarse con ser superado en lo más mínimo. Por encima de todas las cosas, si no es cuidadoso con la elección de sus palabras, puede acabar diciendo cosas como: «Soy un cobarde», o «En ese caso, probablemente saldría corriendo» o «Cómo duele». Estas palabras no han de pronunciarse ni en broma, ni en una veleidad, ni siquiera durante el sueño. Si alguien con conocimiento las oyera, alcanzaría a ver hasta lo más profundo del corazón de quien la dijera. Cosas como esta hay que meditarlas profundamente con antelación.

武士道

Cuando fijamos el coraje en el corazón y nuestra determinación está libre de toda duda, llegado el momento y azuzados por la necesidad, sabremos tomar la decisión correcta. Esto se manifestará tanto en la conducta como en el discurso, según la ocasión. Nuestra palabra es especialmente importante. No está para exponer las honduras de nuestro corazón. Esto es algo que los demás conocerán por nuestro quehacer diario.

武士道

Tras adoptar la actitud de un siervo, nunca me senté con descuido, ya fuese en casa o en cualquier otro sitio. Tampoco hablaba, pero si se presentaba algo que no pudiera realizarse sin palabras, me esforzaba por resumir diez de ellas en una. Así era también Yamazaki Kurando.

武士道

Se dice que, incluso cuando se ha cercenado la cabeza del cuerpo, aún podemos realizar algunas funciones con ella. Esto se desprende del ejemplo de Nitta Yoshisada y Ono Doken. ¿Cómo puede ser un hombre inferior a otro? Mitani Jokyu dijo: «Aunque la enfermedad de un hombre le haya llevado al borde de la muerte, podrá mantenerse erguido durante dos o tres días».

武士道

En palabras de los ancestros, uno ha de tomar sus decisiones dentro del espacio de siete respiraciones. El señor Takanobu dijo: «Si el discernimiento se prolonga, se arruina». El señor Naoshige dijo: «Cuando las cosas se hacen despacio, salen mal siete veces de cada diez. El guerrero hace las cosas deprisa».

A medida que la mente se eleva y se aleja, el discernimiento nunca alcanzará una conclusión. Con espíritu intenso, fresco y raudo, podemos tomar nuestras decisiones en el espacio de siete respiraciones. Se trata de tener una fuerte determinación y el espíritu dispuesto a alcanzar nuestra meta.

武士道

A la hora de rectificar al maestro, si no gozamos del rango apropiado para ello, será muestra de gran lealtad emplazar a alguien que sí lo tenga para que corrija sus errores. Para ello, hay que obrar dentro de la cordialidad con todas las partes. Si lo hacemos por nosotros, no estaremos cometiendo más que un acto de adulación. La motivación, más bien, ha de ser el apoyo al clan desde el esfuerzo individual.

Si lo hacemos, puede hacerse.

武士道

Las malas relaciones entre los gobernantes actuales y los retirados, como padre e hijo o hermano mayor y menor, se desprenden de motivaciones egoístas. Prueba de ello es que no existen malas relaciones entre el señor y el siervo.

武士道

Es impensable que suscite molestia la orden de convertirse en *ronin*. En la época del señor Katsushige, se solía decir: «Si uno no ha sido *ronin* al menos siete veces, no está preparado para ser un auténtico siervo. Siete veces abajo, ocho veces arriba».

Hombres como Narutomi Hyogo han sido *ronin* siete veces. Uno debe comprender que es algo parecido a convertirse en una marioneta que se equilibra a sí misma. El señor tiene derecho a ordenar tal cosa a modo de prueba.

武士道

Las enfermedades y demás dolencias se vuelven graves merced a los propios sentimientos. Nací cuando mi padre tenía setenta y un años, por lo que fui un niño más bien enfermizo. Pero gracias a mi fuerte deseo de ser útil hasta la edad más avanzada, cuando se presentó el momento mi salud mejoró y no recayó desde entonces.

Me he abstenido del sexo y he hecho buen uso de cauterios de moxa. Hay cosas que han obrado un gran efecto, y así lo siento.

Se dice que aunque se queme una *mamushi** siete veces, cada una de ellas volverá a su forma original. Esta es mi gran esperanza. Siempre he estado obsesionado con una idea: ser capaz de cumplir el anhelo de mi corazón, el de renacer siete veces y, cada una de ellas, hacerlo como siervo de mi clan.

武士道

———————

* Especie de víbora venenosa oriunda de Japón, China y Corea (*N. del T.*).

Yamamoto Jin'emon dijo una vez que es mejor para un samurái contar con buenos siervos. Los asuntos militares no son cosa de una sola persona, por muy diligente que trate de ser. El dinero es algo que podemos tomar prestado, pero un buen hombre no puede convertirse en un adinerado heredero de la noche a la mañana. Hay que ayudar correcta y amablemente al otro desde el principio. Contar con siervos hará que no baste alimentarse solo uno mismo. Si divides lo que tienes y alimentas a tus inferiores, podrás contar con buenos hombres.

Una persona con una pizca de sabiduría es una persona que criticará sus tiempos. Esta es la base del desastre. Una persona de verbo discreto será de utilidad en los buenos tiempos y evitará el castigo en los malos.

Ser superior a los demás no consiste más que en que otros hablen de tus asuntos y escuchar sus opiniones. La gente común se afinca en sus propias opiniones y, por lo tanto, nunca destaca. Mantener un debate con otra persona es el primer paso para ser mejor que ella. Alguien debatió conmigo cierto material escrito en las oficinas del clan. Esa persona era mejor que yo en la escritura y la investigación. Cuando buscas la rectificación de los demás, te vuelves mejor que ellos.

Malo es que una cosa se convierta en dos. No debemos mirar a ninguna otra cosa mientras transitemos por la Senda del samurái. Esto vale para cualquier otra Senda. No tiene sentido hablar de la Senda de Confucio, la Senda de Buda o la Senda del samurái. Si entendemos las cosas desde esta perspectiva, seremos capaces de oír acerca de las demás Sendas y ser cada vez más afines a la propia.

武士道

Para un samurái, una sencilla palabra es importante, esté donde esté. Mediante una sencilla palabra puede materializarse el valor marcial. En los tiempos de paz, las palabras son exponentes del valor interior. En tiempos turbulentos, sabemos que, por una simple palabra, podemos delatar nuestra fuerza o cobardía. Esta palabra es la flor que crece en nuestro corazón, no un simple vocablo que nace de nuestra boca.

武士道

El guerrero no ha de decir nada sin convencimiento, ni siquiera por casualidad. Siempre ha de estar con la mente lúcida. Hasta en los asuntos más triviales puede entreverse nuestro corazón.

武士道

No hay nada que no pueda hacerse, sea lo que sea. Si uno se muestra resuelto, podrá mover los cielos y la tierra a su antojo. Pero dado que el hombre es débil, a veces no es capaz de aunar fuerza mental para atesorar tal resolución. Mover los cielos y la tierra sin que resulte costoso no es más que una cuestión de concentración.

Es un necio aquel de quien se diga que es hábil en las artes. Dada su necia incapacidad de concentrarse en una sola cosa, no piensa en nada más y de ahí nace su habilidad. Esta es una persona inútil.

Hasta la edad de cuarenta años, lo mejor es aunar fuerzas. Lo mejor es echar raíces a la edad de cincuenta.

Al debatir con alguien, lo mejor es hablar con propiedad de cualquier tema. Por bien articulado que sea un discurso, puede resultar vacuo si la conversación es irrelevante.

Cuando alguien te da su opinión, has de aceptarla con honda gratitud, aunque sea despreciable. Si no lo haces, la otra persona no volverá a contarte lo que ha visto y oído acerca de ti. Lo mejor es dar y recibir opiniones desde una actitud amistosa.

Se dice que el gran genio tarda en madurar. Si el fruto no ha madurado a lo largo de treinta o cuarenta años, carecerá de todo mérito. Cuando un siervo está predispuesto a cumplir con su labor apresuradamente, se entrometerá en el trabajo de otros y de él se dirá que es joven, pero capaz. Se excederá en su entusiasmo y también se le considerará más bien brusco. Se dejará llevar por la estela de alguien que haya realizado grandes obras y terminará siendo un adulador hipócrita del que se habla a sus espaldas. En la carrera por la realización de uno mismo, si no hacemos grandes esfuerzos y no recibimos el apoyo de los demás en nuestro progreso por el mundo, resultaremos inútiles.

武士道

Cuando uno se ve envuelto en los asuntos de un guerrero, como ser un *kaishaku* o llevar a cabo un arresto dentro del propio grupo o clan, la gente se dará cuenta si viene previamente mentalizado de antemano para que nadie ocupe su puesto. Siempre hay que adoptar una actitud de superioridad sobre los demás en lo relativo al valor marcial; sentir que no se es inferior a nadie y cultivar siempre el coraje.

武士道

En el campo de batalla, si procuras que nadie obtenga la ventaja y tu única intención es romper las líneas del enemigo, nadie te hará sombra, tu mente adquirirá fiereza y manifestarás tu valor marcial. Esto es lo que nos enseñan los antepasados. Además, si mueres en la batalla, siempre deberás procurar que sea dando la cara al enemigo.

Si todo el mundo se pusiese de acuerdo y dejase las cosas en manos de la Providencia, sus corazones estarían en paz. Si no estuviesen de acuerdo, si bien serían capaces de actos dotados de rectitud, carecerían de lealtad. Estar en desacuerdo con los compañeros de uno, estar dispuesto a no mantener siquiera ocasionales encuentros, pronunciar únicamente palabras airadas es fruto de la mente superficial y necia. Pero al pensar en el momento de la verdad, por desagradable que sea, debemos fijar en nuestra mente tratar a los demás cordialmente en todo momento y sin distracciones, de modo que no parezcamos aburridos. Además, en este mundo de incertidumbres, no podemos estar seguros ni siquiera del presente. No merece la pena morir mientras la gente piensa mal de nosotros. Las mentiras, la falta de sinceridad, son inapropiadas porque son intrínsecas al provecho egoísta.

Si bien no es provechoso que otros lideren el camino, no ser belicoso, no carecer de modales o ser humilde, si hacemos las cosas para el provecho de otros y saludamos a los que ya conocemos como si fuese la primera vez que los vemos, no tendremos malas relaciones. Los modales entre el marido y la esposa no difieren en su caso. Si somos tan discretos al final como al principio, no debería haber discordancia.

Hubo un monje que dijo ser capaz de conseguirlo todo en virtud de su inteligencia. Hoy, en Japón, no hay monje que pueda superarlo. Y no es de extrañar lo más mínimo. Sencillamente nadie es capaz de ver hasta el cimiento de las cosas.

La senectud se produce cuando uno se dedica únicamente a lo que está más inclinado a hacer. Uno puede suprimir y ocultar tales impulsos mientras siga vigoroso y fuerte, pero al debilitarse, los puntos fuertes esenciales de la propia naturaleza real aparecen y lo avergüenzan. Esto se manifiesta de varias formas, pero no hay hombre que no alcance la senectud a la edad de sesenta años. Y cuando uno cree que no se verá afectado, es que ya lo está. Puede considerarse que el maestro Ittei padecía de senectud en sus argumentaciones. Como si quisiera demostrar que él solo podía apoyar a la Casa de Nabeshima, acudió con aspecto senil a las casas de personalidades prominentes y charló amablemente con ellas. Por aquel entonces, todo el mundo pensaba que era razonable, pero pensándolo ahora queda claro que era senectud. En cuanto a mí, con ese ejemplo en mente y la sensación de que la decrepitud se hacía conmigo, decliné participar en la conmemoración del decimotercer aniversario de la muerte del señor Mitsushige en el templo, y he decidido permanecer cada vez más tiempo entre las paredes de mi casa. Hay que tener una visión clara de lo que está por venir.

Si uno alberga seguridad en sus cimientos, no se verá aquejado por pequeños detalles o asuntos imprevistos. Pero, al final, los detalles de todo asunto son importantes. El acierto o el error en nuestra forma de proceder se halla en los asuntos más triviales.

武士道

Según una historia del *Ryutaiji*, en la provincia de Kamigata había un maestro del *I Ching* que afirmaba que aunque un hombre sea un monje, es inútil otorgarle un estatus mientras tenga menos de cuarenta años. Es porque cometerá muchos errores. Confucio no fue el único hombre en perder la capacidad de sorprenderse tras los cuarenta. Al llegar a esa edad, tanto los sabios como los necios han atravesado un buen número de experiencias y será muy difícil sorprenderlos.

武士道

En cuanto al valor marcial, el mérito yace más en morir por el señor de uno que por derribar a un enemigo en combate. Esto se desprende de la devoción de Sate Tsugunobu.

武士道

Cuando era joven, escribía un Diario del Arrepentimiento en el que intentaba registrar mis errores día a día, y no había un día en el que no incorporara veinte o treinta anotaciones. Como no se acababa nunca, me rendí. Incluso hoy, cuando me meto en la cama y pienso en los asuntos de la jornada, no pasa día sin que me asalte algún disparate de verbo o acción. Es imposible vivir sin cometer errores. Sin embargo, no es algo en lo que piensa a menudo la gente que vive inclinada hacia la cultivación de la mente.

Cuando leemos algo en voz alta, lo mejor es hablar desde el estómago. Si lo hacemos desde la boca, la voz no durará. Esta es la enseñanza de Nakano Shikibu.

Cuando corren buenos tiempos, la extravagancia y el orgullo son peligrosos. Si uno no es prudente en los tiempos normales, no será capaz de controlarse. Una persona que progresa en los buenos tiempos, titubeará en los malos.

El maestro Ittei dijo: «En la caligrafía, consideramos progreso cuando el papel, el pincel y la tinta se hallan en armonía». ¡Y, sin embargo, son elementos bien distintos!

El maestro sacó un libro de su caja. Cuando lo abrió, de él manó un olor a clavo seco.

Lo que suele llamarse generosidad en realidad es compasión. En el *Shin'ei* está escrito: «Desde el punto de vista de la compasión, nadie puede caernos mal. Y quien ha pecado es quien más ha de ser compadecido». La amplitud y la profundidad del corazón de uno no tienen límites. Hay espacio para todos. Aún adoramos a los sabios de los tres reinos antiguos porque su compasión nos llega hasta nuestros días.

武士道

Cualquier cosa que hagas, deberá ser por el bien de tu señor y tus padres, la gente en general y la prosperidad. Esto es una muestra de gran compasión. La sabiduría y el coraje que surgen de la compasión son sabiduría y coraje auténticos. Cuando uno castiga o se afana en aras de la compasión, sus actos serán infinitos en fuerza y corrección. Obrar por el propio bien es signo de superficialidad y maldad. Hace algún tiempo que entendí los asuntos relativos a la sabiduría y el coraje. Solo ahora empiezo a entender los relativos a la compasión.

El señor Ieyasu dijo: «La base para gobernar un país en paz es la compasión, pues, cuando un soberano piense en los súbditos como en hijos, estos pensarán en él como en un padre». Es más, ¿no podría considerarse que los líderes y el grupo (o sea, los padres y los hijos) perduran merced a los vínculos de sus corazones, comparables a una relación entre padres e hijos?

Puede entenderse que la frase del señor Naoshige: «Quien halle siempre faltas en los demás, será castigado por ellos» proviene de su compasión. Su dicho: «El principio va más allá de la razón» debería considerarse de igual modo. Declaró lleno de entusiasmo que debíamos catar lo inagotable.

武士道

El monje Tannen dijo: «Un siervo inteligente no progresará. No obstante, tampoco hay casos de necios que lleguen a lo más alto».

武士道

Esta era la opinión de Nakano Shikibu: «Cuando uno es joven, a menudo puede suscitar la vergüenza de una vida mediante actos homosexuales. No comprender esto es peligroso. Dado que no hay nadie que pueda informar a los jóvenes acerca de esto, yo puedo dar un esbozo general.

» Hay que comprender que una mujer solo es fiel a un marido. Nuestros sentimientos se enfocan hacia una sola persona durante toda la vida. Si no se da, entonces será como la sodomía y la prostitución. Es una vergüenza para el guerrero. Ihara Saikaku escribió una famosa frase: "Una adolescente sin un amante mayor que ella es lo mismo que una mujer sin marido". Pero este tipo de persona es ridículo. Un joven debería poner a prueba a un hombre mayor durante al menos cinco años, y si está seguro de las intenciones de esa persona, entonces él también debería solicitar una relación formal. Una persona inconstante nunca se implicará profundamente en la relación y abandonará a su amante.

» Si se pueden consagrar sus vidas a la mutua asistencia, entonces podrá confirmarse su naturaleza. Pero si uno de los dos se tuerce, el otro deberá apreciar los lastres que supondrá para la relación y cortarla con firmeza. Si el primero preguntara cuáles son esos lastres, el segundo deberá negarse a hacerlo en su vida. Si el otro insistiera, el agraviado deberá encolerizarse; si el otro insistiera a pesar de esto, el agraviado podrá emplear la violencia.

» Además, el hombre mayor tiene que discernir las auténticas motivaciones del más joven de la siguiente manera. Si el hombre más joven es capaz de consagrarse a la relación y permanecer en ella durante cinco o seis años, podrá considerarse que no es inestable.

» Por encima de todo, no hay que dividir el camino en dos. Hay que afanarse en la Senda del samurái».

武士道

Hoshino Ryotetsu era el propagador de la homosexualidad en nuestra provincia, y si bien puede decirse que eran muchos sus discípulos, enseñó a cada uno de ellos individualmente. Edayoshi Saburozaemon era un hombre que comprendía los fundamentos de la homosexualidad. Una vez, cuando acompañaba a su maestro a hacer unas tareas, Ryotetsu preguntó a Saburozaemon: «¿Qué has comprendido de la homosexualidad?».

Saburozaemon respondió: «Es algo agradable y desagradable a la vez».

Ryotetsu, satisfecho, dijo: «Has aceptado largas molestias durante mucho tiempo para poder decir esto».

Varios años más tarde, alguien preguntó a Saburo-zaemon el significado de aquello, y dijo: «Renunciar a la propia vida por la de otro es el principio básico de la homosexualidad. Si no se hace así, se convierte en un foco de vergüenza. No obstante, de ese modo no te quedará nada que entregar a tu señor. Por ello se infiere que es algo agradable y desagradable a un tiempo».

El maestro Ittei dijo: «Si alguien ha de definir lo que es hacer el bien, en pocas palabras se resumiría en soportar el sufrimiento. La ausencia de aguante es mala sin excepción».

Hasta que no se alcanza la cima de los cuarenta años, es mejor apartar la sabiduría y el discernimiento para perseverar en vitalidad. Dependiendo de la persona y su posición, aunque se sobrepasen los cuarenta, si se carece de vitalidad, no será bien visto por los demás.

Recientemente, alguien de camino a Edo envió a su casa una carta detallada desde la posada donde pasó su primera noche. Si bien era una persona que no prestaba atención a tales cosas cuando estaba ocupado, era mejor que los demás en lo referente a prestar atención.

En el juicio ajeno, la obstinación del samurái debería ser excesiva. Un acto impulsado por la moderación podría considerarse posteriormente como insuficiente. He oído decir que cuando uno cree haber ido demasiado lejos, es signo de que no ha errado. Nunca hay que olvidar esta norma.

武士道

Cuando se toma la decisión de matar a alguien, por muy difícil que sea hacerlo de frente, de nada servirá hacerlo dando un largo rodeo. El corazón de uno puede encogerse, uno puede dejar pasar la oportunidad, y así no puede darse el éxito. La Senda del samurái es la de la inmediatez, y lo mejor es hacer las cosas apresuradamente. Cuando un hombre acudía a las lecturas del sutra en el templo de Jissoin, en Kawakami, uno de sus pajes se emborrachó en el transbordador y empezó a molestar a un marinero. Al atracar en la otra orilla, tan pronto como el paje desenvainó la espada, el marinero tomó un palo y le golpeó en la cabeza. En ese momento, los demás marineros hicieron piña, recogiendo remos y a punto estuvieron de apalear al paje. No obstante, el señor pasó con aire de no saber lo que estaba pasando, seguido de otro paje que se disculpó ante los marineros. Entonces, tras apaciguar a su compañero, lo acompañó hasta su casa. Aquella noche, el paje que se había emborrachado supo que le iban a despojar de su espada.

Lo primero de todo: el señor hizo gala de una actitud absolutamente insuficiente al no apaciguar a su paje borracho cuando aún estaban en el transbordador. Además, aunque el paje hubiese actuado de manera poco razonable, tras el golpe en la cabeza ya no cabían las disculpas. El señor debió acercarse al marinero y al paje con actitud de arrepentimiento y haberlos cercenado allí mismo a los dos. Sin duda, era un señor sin sangre en las venas.

La resolución de los hombres de antaño era profunda. En las primeras líneas los había entre trece y sesenta años. Por esa razón, los hombres más ancianos ocultaban su auténtica edad.

En cuanto a los asuntos más serios que le afecten a uno directamente, si uno no se preocupa de las cosas cimentándose en su propio juicio y afrontándolas inmediatamente, siempre quedará algo pendiente. En el diálogo sobre asuntos que sean importantes para uno, habrá ocasiones en las que otros les otorguen poca, e incluso en las que no se mencionen las auténticas circunstancias. En momentos así, uno ha de utilizar su buen juicio. Bastará, en cualquier medida, convertirse en un fanático y echar a perder la vida. En ese momento, si pensamos en hacer bien las cosas, la confusión no tardará en emerger y caeremos en la ciega torpeza. En muchos casos, nuestra caída puede deberse a un aliado que intenta hacer algo en nuestro beneficio; tanto como que la amabilidad de un amigo puede matarnos. Sucede como cuando se pide permiso para convertirse en monje.

El señor Naoshige dijo: «El bien o el mal de un antepasado puede determinarse por la conducta de sus descendientes». Todo descendiente debería comportarse de modo que manifieste el bien de su antepasado, y no el mal. Esto es devoción filial.

Es lamentable que el linaje de uno sea sumido en la confusión mediante una adopción motivada únicamente por el dinero. Tal cosa es inmoral por principio, pero es extremadamente perverso abrazar esa inmoralidad con la excusa de que, sin hacerlo, uno ni siquiera podrá permitirse el arroz de ese día.

Cuando Nakano Shogen cometió *seppuku*, los miembros de su grupo se reunieron en la casa de Oki Hyobu y dijeron varias cosas malas de él. Hyobu dijo: «No se puede hablar mal de quien ha muerto. Y hay que sentir especial compasión por quien ha recibido cierta censura; es obligación del samurái decir algo bueno de él, por pequeño que sea. No cabe duda de que, en veinte años, Shogen gozará de la reputación de un fiel siervo». Sin duda, eran las palabras de un hombre maduro.

La esplendorosa colocación de la armadura es una buena disciplina, pero bastará con que estén todas las piezas. La armadura de Fukabori Inosuke es un buen ejemplo. Hombres de gran alcurnia y muchos siervos también necesitan cosas como ahorros para su uso en las campañas. Se dice que Okabe Kunai hizo confeccionar un número de bolsas equivalente al de los hombres de su grupo; inscribió un nombre por bolsa e introdujo la cantidad adecuada de dinero para la campaña. Esta es una profunda disciplina. En cuanto a los hombres de bajo estatus, si no pueden permitirse la preparación adecuada, deberían apoyarse en la ayuda del líder de su grupo. Para ello es necesario que el líder ya goce de cierta intimidad con sus hombres de antemano. En cuanto a los hombres que están a las órdenes del señor, y sobre todo a los que sirvan directamente con él, lo mejor es no tener dinero preparado. En la época de las maniobras de verano en Osaka, alguien trajo cuatro *monmes** de plata refinada y se fue con el señor Taku Zusho. Esto habría estado bien si simplemente hubiese salido temprano. Creo que es esencial administrarse con sumo cuidado.

武士道

Cuando escrutamos atentamente los asuntos del pasado, descubrimos que existen muchas opiniones distintas al respecto, y que algunas cosas quedan escondidas bajo las brumas. Es mejor que estas cosas permanezcan

---

* Unidad de medida equivalente a algo menos de cuatro kilos *(N. del T.)*.

inescrutables. El señor Sanenori una vez dijo: «Siempre hay una forma de comprender las cosas incomprensibles. Además, ciertas cosas se comprenden de forma sencillamente natural, mientras que otras se nos escapan por mucho que intentemos resolverlas. Es algo interesante».

Es algo sumamente profundo. Es natural que no podamos comprender las cosas profundas y ocultas. Lo fácil de asimilar suele ser superficial.

Capítulo 2
Se dice que...

Se dice que todo samurái ha de evitar el exceso de sake, la arrogancia y los lujos. No hay razón para la ansiedad cuando eres infeliz, pero cuando te vuelves algo exultante, esos tres elementos se vuelven peligrosos. Observa la condición humana. Es indecoroso que una persona se vuelva arrogante y extravagante cuando las cosas van bien. Por lo tanto, es bueno albergar cierta desdicha cuando uno es aún joven, pues si no experimentamos ninguna amargura, no sentaremos nunca la cabeza. Una persona que se fatiga en medio de su desdicha es inútil.

武士道

El encuentro con otras personas ha de estar presidido por la rápida identificación de su temperamento y reaccionar adecuadamente ante este. Esto es especialmente válido cuando estamos ante una persona especialmente polémica, a la cual, tras tratarla con docilidad, deberemos reducir con lógica superior, pero sin sonar duros, y de tal modo que no sea procedente alegato o réplica posterior. De esto han de encargarse tanto las palabras como el corazón.

Era esta la opinión de un monje acerca de los encuentros personales.

武士道

Los sueños son manifestaciones reales. Cuando sueño ocasionalmente con mi muerte en la batalla, o cometiendo *seppuku*, si me arrebujo en el coraje, mi enfoque mental dentro del sueño cambia gradualmente.

Digo esto a propósito del sueño que tuve en el vigésimo séptimo día del quinto mes.

武士道

Si alguien hubiera de definir en una palabra cuál es la condición del samurái, sería su firme entrega, en cuerpo y alma, a su señor. Y si alguien preguntara cuál sería el siguiente paso, este consistiría en reforzar nuestro interior con inteligencia, humanidad y coraje. La combinación de estas tres virtudes puede antojarse inalcanzable para la persona ordinaria, pero es fácil. La inteligencia no es otra cosa que debatir asuntos con los demás. La sabiduría ilimitada proviene de eso. La humanidad es una actitud por el bien del prójimo, dándose por la sencilla comparación de uno con el prójimo y ubicándolo en primer lugar. El coraje consiste en apretar los dientes; eso y correr hacia el frente sin preocuparse por las circunstancias. Cualquier otra cosa por encima de estas tres no merece ser conocida.

En cuanto a los aspectos externos, están la apariencia personal, la forma de hablar y la caligrafía. Y todos ellos son deberes diarios, mejorables con la práctica constante. Básicamente, uno debería percibir su naturaleza como una fuerza silenciosa. Si conseguimos alcanzar todos estos objetivos, seremos conscientes de la historia y las costumbres de la zona en la que nos encontremos. Logrado esto, podremos estudiar sus diversas artes a modo de recreo. Si se piensa en ello, ser un siervo es algo muy fácil. Y en estos días, si se observa a las personas mínimamente útiles, veremos que han alcanzado la plenitud en estos tres aspectos externos.

武士道

Cierto monje dijo que el que cruza imprudentemente un río de profundidad desconocida, morirá arrastrado por las corrientes sin alcanzar nunca la otra orilla y atender los asuntos que le llevaron a cruzar hasta allí. Sucede lo mismo cuando uno se muestra ansioso por convertirse en siervo sin comprender las costumbres de los tiempos, así como lo que le gusta y lo que no al señor. De este modo, no seremos de utilidad y nos cubriremos de ruina. Intentar activamente obtener los afectos del señor es impropio. Primero debemos dar un paso atrás y comprender las honduras del terreno que pisamos, y luego obrar evitando todo lo que disguste al señor.

武士道

Si atamos una serie de bolsas de clavo al cuerpo, no nos afectarán ni las inclemencias, ni los resfriados. Hace algunos años, Nakano Kazuma regresó a su provincia como mensajero, montado sobre un caballo en pleno invierno, y pensó que, a pesar de ser ya un anciano, no sentía el mínimo dolor. Se dice que tal cosa se debía a su uso del clavo. Por otra parte, beber una pócima hecha a base de heces de un caballo moteado es la mejor forma de dejar de sangrar a causa de una herida provocada por la caída de un caballo.

武士道

Una persona intachable es la que ve sus asuntos desde la distancia. Esto hay que hacerlo con fuerza.

武士道

No hay más que un único propósito en el momento actual. La vida entera de un hombre es una sucesión de momentos. Si llegamos a comprender plenamente el momento presente, no habrá más que hacer, nada más que perseguir. Hemos de vivir conforme al único propósito del momento actual.

Todo el mundo deja que el presente se le derrame entre los dedos y luego lo busca, como si creyese que está en otra parte. Nadie parece haberse dado cuenta de tal cosa. Pero si pensamos en ello con firmeza, hemos de apilar experiencia sobre experiencia. Una vez comprendido esto, de ahí en adelante seremos una persona diferente, aunque no siempre lo tengamos presente.

Una vez hayamos asimilado esto en nuestra resolución, nuestras preocupaciones se aligerarán. La lealtad también está contenida en la resolución.

武士道

Se dice que hay una cosa llamada «el espíritu de una época» a la que no podemos volver. La progresiva disipación de ese espíritu se debe a que el mundo se acerca a su final. Del mismo modo, un año no se compone solamente de primavera y verano. Lo mismo ocurre con un día.

Por esta razón, si bien uno querría cambiar el mundo de hoy al espíritu de hace cien años o más, es tarea imposible. Por ello hay que sacar lo mejor de cada generación. Este es el error de las personas demasiado apegadas a las generaciones pasadas. No entienden este punto.

Por otro lado, las personas que solo disfrutan del presente y desprecian el pasado son demasiado laxas.

武士道

Sé fiel al pensamiento del momento y evita las distracciones. Mientras te afanas, no te distraigas con dos cosas a la vez; ve de pensamiento en pensamiento.

武士道

Los valientes de tiempos pretéritos eran, por lo general, rebeldes. Dada su disposición de ir por el mundo alocadamente, su vitalidad era fuerte y ellos valientes. Cuando tuve dudas al respecto y pregunté, Tsunetomo dijo: «Es comprensible que, dada su fuerte vitalidad, fueran hombres duros y se permitiesen correr por el mundo alocadamente. Esta rebeldía no existe en nuestros tiempos porque la vitalidad se ha debilitado. La vitalidad se ha quedado atrás, pero el carácter del hombre ha mejorado. El valor, no obstante, es otra cosa. Si bien los hombres se han tornado amables en los tiempos actuales por defecto de vitalidad, esto no implica que sean inferiores en su loca búsqueda de la muerte. Eso no tiene nada que ver con la vitalidad».

武士道

En cuanto a las tácticas militares del señor Naoshige, Ushida Shoemon dijo que era característico de sus siervos afrontar las situaciones sin conocimiento previo de lo que fuera a pasar, tanto como de él mismo dar por finalizadas las cosas con una sola palabra. Ya en el lecho de su muerte, no dijo nada, ni siquiera cuando el jefe de sus siervos fue a verlo.

武士道

Una vez, el señor Ieyasu no ganó nada en una batalla, pero en juicios postreros se dijo: «Ieyasu es un general de gran coraje. De sus siervos muertos en la batalla, ninguno de ellos cayó dando la espalda al enemigo. Todos lo hicieron encarando las líneas enemigas». El que la mentalidad de un guerrero pueda manifestarse incluso tras su muerte, puede suponer una fuente de vergüenza para él.

武士道

Como dijo Yasuda Ukyo levantando su última copa de vino, solo el final de las cosas importa. Toda nuestra vida debería contemplarse del mismo modo. Cuando los invitados se marchan, el humor reacio a despedirse es esencial. Si dicho humor no existe, uno dará la impresión de aburrirse y las conversaciones del día y la noche desaparecerán. En todas las relaciones personales es esencial una frescura de enfoque. Siempre debemos dar la impresión de estar haciendo algo excepcional. Se dice que esto es posible con apenas una pizca de entendimiento.

武士道

Nuestros cuerpos cobran vida de en mitad de la nada. La existencia donde no hay nada explica el dicho: «La forma es vacío». Y el vacío posibilita todas las cosas explica el dicho: «El vacío es forma». No hay que considerar por separado estas dos cosas.

武士道

Uesugi Kenshin dijo: «Nunca he sabido ganar de principio a fin, sino de no quedarme atrás en ninguna situación». Esto es interesante. Un siervo se quedará paralizado si cae a la zaga de una situación. En toda situación, nuestra función y capacidad de respuesta no caerán en la superficialidad si nos adelantamos a los acontecimientos.

武士道

Hay que tener cuidado de no tener la última palabra cuando se habla del aprendizaje, la moralidad o el folclore ante ancianos o gentes de rango superior. Es algo desagradable.

武士道

En la provincia de Kamigata tienen una especie de fiambrera organizada por niveles que usan durante el día para contemplar las flores. Al regresar, las tiran, pisoteándolas. Como es de imaginar, este es uno de mis recuerdos de la capital [Kioto]. El final es esencial en todas las cosas.

武士道

Paseando juntos por el camino, Tsunetomo dijo: «¿No es todo hombre como una marioneta llevada con mano hábil? Es una pieza de diestra manufactura que puede correr, saltar, brincar e incluso hablar aunque no tenga cuerdas que la guíen. ¿Nos invitarán al próximo festival de Bon? Es este un mundo de vanidad, sin duda. La gente siempre lo olvida».

武士道

Una vez se le dijo a un joven señor que «ahora mismo» es «cuando llegue el momento» y que «cuando llegue el momento» es «ahora mismo». Uno estará errado si cree que ambas cosas son lo mismo. Por ejemplo, si uno fuese convocado ante el señor para explicar algo en ese mismo momento, lo más probable es que el siervo se quedase perplejo. Eso demuestra que entiende la diferencia entre los dos conceptos. No obstante, si alguien confunde los dos en un mismo concepto, si bien nunca llegará a ser el consejero de su señor, no dejará de ser un siervo y, en aras de decir algo con claridad, sea o no ante su señor, los ancianos o el propio sogún en el castillo de Edo, deberá practicar en la intimidad de sus cuartos.

Todo funciona así. Por consiguiente, hay que ser cuidadoso en la indagación de las cosas. Lo mismo pasa con el entrenamiento marcial como con los asuntos oficiales. Si intentamos concentrar las cosas de este modo, ¿no alcanzaremos a comprender la negligencia diaria y la falta de resolución en nuestros tiempos?

武士道

Aunque hayamos cometido un error en una tarea gubernamental, se nos podrá excusar si alegamos torpeza o falta de experiencia. Pero ¿puede darse ese tipo de excusa por los errores de hombres que hayan estado implicados en este reciente e imprevisto acontecimiento? El maestro Jin'emon siempre solía decir: «Basta con que un guerrero sea robusto», y este es precisamente un caso similar. Si alguien considerase que tal fracaso fuese causa de mortificación, lo mínimo que debería hacer sería rajarse el estómago en vez de vivir con la vergüenza y la quemazón en el pecho; la sensación de no tener lugar al que ir, que su suerte como guerrero se ha agotado, que ya es incapaz de actuar con celeridad y que una sombra ha caído sobre su nombre. Pero si estuviese apegado a su vida y razonara que debería vivir, ya que su muerte no traería nada útil, todo el mundo le señalaría a sus espaldas y acabaría cubierto de vergüenza. Una vez muriese, su cuerpo sería arrojado como un despojo; sus inocentes descendientes cargarían con su desgracia por el simple hecho de heredar su sangre y el nombre de sus antepasados quedaría manchado, así como todos los miembros de su familia. Tales circunstancias serían ciertamente lamentables.

Si no gozamos de una determinación diaria fervorosa, si no meditamos lo que significa ser un guerrero siquiera en nuestros sueños, puede decirse que seríamos dignos de castigo.

Puede decirse que un hombre que ha caído por la espada carecía de la habilidad requerida y vio agotada su suerte como guerrero. El hombre que lo ha matado, impelido por las circunstancias inevitables y convencido de que no quedaba más alternativa, también ha puesto su vida en juego, por lo tanto no debería haber evidencia de cobardía alguna. El mal genio es algo inapropiado, pero no puede decirse que dos hombres enfrentados en buena lid sean cobardes. En este reciente acontecimiento, no obstante, los hombres que han vivido y se han cubierto de vergüenza no eran auténticos guerreros.

Todos los días debemos pensar y esforzarnos por implantar en nuestro acervo el dicho: «Cuando llegue el momento, ahora mismo». Se dice que es ciertamente extraño que nadie pueda recorrer una vida airosamente con una u otra medida de negligencia. Así, la Senda del samurái consiste en practicar la muerte cada mañana, concienciándose de que esta ocurrirá aquí o allí, imaginando la más mínima de las formas de morir y enfocando la mente firmemente hacia ella. A pesar de la enorme dificultad que esto puede implicar, si alguien se pone a ello, demostrará que puede hacerse. No hemos de suponer que haya nada que no pueda hacerse.

Además, la influencia de las palabras es importante en los asuntos militares. También habría servido para detener al hombre en el reciente acontecimiento. Cuando la situación se desborda, podemos matar con la espada o, si el otro huye, gritar algo como: «¡No corras, solo los cobardes lo hacen!» y, según lo pida la situación, alcanzar los propios objetivos mediante la influencia de las palabras. Dicen que hubo un hombre muy hábil a la hora de juzgar la determinación de los demás y que gozó de la atención de todo el mundo, tan capaz era de gestionar tales asuntos. Esto es prueba de que el «ahora mismo» no difiere tanto de «cuando llegue el momento». La postura del *yokoza no yari* al respecto ejemplifica bastante este extremo. Es algo que debería estar en nuestro punto de mira de antemano.

Son muchas las cosas que hay que tener en consideración de antemano. Si alguien ha matado a un hombre en la mansión del señor y se las ha arreglado para huir, como no tenemos manera de saber si sigue blandiendo la espada y abriéndose camino hasta las estancias del señor, tendremos que abatirlo con el acero. Ciertamente, en una investigación postrera se nos podrá acusar de cómplice del asesino o de tener rencillas con él. Pero en el propio momento, nuestro único pensamiento deberá ser abatirlo por la espada sin consideración alguna de futuros pleitos.

武士道

Aunque nos viéramos abocados a una súbita decapitación, deberíamos poder realizar una última acción con certeza. Los últimos momentos de Nitta Yoshisada lo demuestran. De haber sido una persona débil de espíritu, habría caído tan pronto como lo hubieran separado de su cabeza. Más recientemente tenemos el ejemplo de Ono Doken. Tales acciones tuvieron lugar por la sencilla determinación. Con valor marcial, si nos tornamos un espíritu vengador y mostramos gran determinación, aunque nos corten la cabeza, no deberíamos morir.

武士道

Sea la gente de alta o baja cuna, ricos o pobres, jóvenes o ancianos, iluminados o confusos, todos se parecen en que algún día morirán. No es que no sepamos que algún día moriremos, sino que nos agarramos a un clavo ardiendo. Si bien sabemos que moriremos algún día, creemos que los demás morirán antes que nosotros y que seremos los últimos. La muerte siempre parece algo muy lejano.

¿No es esa una concepción de lo más superficial? Es tan inútil como una broma en sueños. Pensar de esa manera es tan pernicioso como la negligencia. En la medida en que la muerte siempre acecha en la puerta de cada cual, hemos de esforzarnos al máximo y actuar con celeridad.

武士道

Es bueno llevar un poco de polvos cosméticos en la manga. Puede ocurrir que cuando nos despejamos de una borrachera o nos despertamos del sueño, nuestra complexión sea pobre. En ese momento es adecuado aplicarse un poco de polvo cosmético.

En ocasiones, la gente se deja llevar y habla demasiado, sin pensar. Pero esto no pasará desapercibido a los observadores cuando su mente irradie frivolidad y mentira. En tales ocasiones, lo mejor es afrontar la verdad cara a cara y expresarla. Entonces, la verdad anidará en el corazón. Incluso cuando saludamos fugazmente a alguien, debemos tener en cuenta las circunstancias y, tras meditarlo, hablar de modo que no ofendamos los sentimientos del interlocutor.

Además, si alguien critica la Senda del samurái o su propia provincia, tendremos que responder con severidad, sin el menor atisbo de ceremonia. Hemos de albergar la resolución de antemano.

武士道

Si bien aquel que sobresale en un arte considera a los demás como competidores, el año pasado Hyodo Sachu cedió el título de maestro de *renga* a Yamaguchi Shochin. Un acto digno de elogio.

武士道

El monje Tannen solía colgar carillones de viento, pero decía: «No es porque me guste el sonido. Lo hago para conocer la dirección del viento en caso de incendio, pues esa es la mayor preocupación para un templo». Cuando soplaba el viento, él mismo salía a vigilar por las noches. Durante toda su vida, el fuego de su brasero nunca se apagó, y siempre tenía una linterna de papel y un encendedor junto al lecho. Dijo: «La gente pierde los nervios durante una urgencia, y nadie puede encender una luz apresuradamente».

Si se establece una distinción entre los lugares públicos y las estancias privadas, o entre el campo de batalla y el *tatami*, llegado el momento no quedará tiempo para enmiendas. Solo está la constante vigilancia. Si no hubiese hombres capaces de demostrar el valor en el *tatami*, tampoco lo podrían demostrar en el campo de batalla.

武士道

El arrojo y la cobardía no son cosas sobre las que se pueda teorizar en tiempos de paz. Se hallan en diferentes categorías.

武士道

Si bien puede decirse que los dioses repudian la impureza, a poco que pensemos en ello, veremos que no hemos sido negligentes en la plegaria diaria. Así, la fe practicada de antemano obrará sus frutos cuando nos hallemos cubiertos de sangre y trepando por montones de cadáveres. En tales circunstancias, si un dios nos diera la espalda cuando uno cometiera actos ofensivos, sabríamos claramente que la plegaria es ineficaz y que debería realizarse al margen de la profanación.

武士道

En momentos de grandes dificultades o desastres, bastará con una palabra. En momentos de felicidad, igualmente, una palabra será suficiente. Y cuando nos encontremos y conversemos con otros, también bastará con una palabra. Hay que pensarlo bien antes de hablar. Es algo evidente y firme, y debemos asimilarlo sin sombra de duda. Se trata de poner por delante todo el esfuerzo necesario y abordar la situación habiendo adoptado previamente la actitud adecuada. Se trata de algo difícil de explicar, pero que debería anidar en el corazón de todos. Si no lo asumimos de corazón, será muy difícil que acabemos comprendiéndolo.

武士道

La vida humana es muy corta. Lo mejor es vivirla haciendo las cosas que nos gustan. Es de necios vivir en este sueño que es el mundo viendo solo cosas desagradables y haciendo únicamente lo que no nos gusta. Pero es importante no decírselo a los más jóvenes, pues podría ser dañino si no se comprende como es debido.

Personalmente, me gusta dormir. Y mi intención es confinarme cada vez más en mi dormitorio y morir sumido en el sueño.

武士道

Tuve un sueño el vigésimo octavo día del decimosegundo mes del tercer año de Shotoku. El contenido del sueño varió gradualmente hasta el punto de que mi voluntad se fortaleció. La auténtica naturaleza de una persona se revela a través de sus sueños. Es bueno convertir los sueños en tus compañeros y afanarte conforme a ellos.

武士道

La vergüenza y el arrepentimiento obran como la perturbación de un cuenco de agua. Cuando un amigo mío oyó cómo confesaba el ladrón el robo del ornamento de su espada, sintió compasión. Si uno rectifica sus errores, sus rastros no tardarán en desaparecer.

武士道

Según las palabras del monje budista Kaion, una persona se vuelve más y más orgullosa al creer que conoce sus propios límites y debilidades. No obstante, estos son aspectos muy arduos de vislumbrar.

武士道

A primera vista, la propia medida de la dignidad de cada individuo se manifiesta tal como es. Hay dignidad en el aspecto personal. Hay dignidad en un aspecto calmado. Hay dignidad en la parquedad de las palabras. Hay dignidad en la impecabilidad de los modales. Hay dignidad en la solemnidad del comportamiento. Y hay dignidad en la profunda sabiduría, así como en la claridad de perspectiva.

Todo ello se refleja en la superficie. Pero al final, sus cimientos se sustentan únicamente en la sencillez de pensamiento y la tensión espiritual.

La codicia, la ira y la necedad son cosas que hay que clasificar adecuadamente. Cuando ocurren cosas malas en el mundo, si las observamos con afán comparativo, no suelen alejarse mucho de estos tres conceptos. La observación comparativa de las cosas buenas demuestra que no se alejan tampoco demasiado de la sabiduría, la humanidad y el coraje.

Esto se desprende de las palabras de Nakano Kazuma Toshiaki. Hay quienes creen que utilizar viejos utensilios para la ceremonia del té es tosco, que es mejor usarlos nuevos y limpios. Los hay que prefieren usar los utensilios viejos con afán exhibicionista. Ambos se equivocan. Los utensilios viejos, si bien son herramientas de los más humildes, también se emplean en las clases más altas por su valor. Su valor es reverenciado.

Un siervo es así. Una persona se eleva de las clases más humildes a las más altas por su valor. Asimismo, la consideración de que un hombre carente de familia ni puede hacer el mismo trabajo que uno de alta cuna, o que un sencillo soldado raso no puede llegar a convertirse en líder, es absolutamente errónea. Pues aquel que se ha elevado desde una cuna humilde debería ser valorado y especialmente respetado, incluso más que quien haya nacido en una familia privilegiada.

武士道

Mi padre, Jin'emon, dijo que, cuando era joven, de vez en cuando lo llevaban a la entrada del asentamiento chino para exponerlo a la atmósfera de la ciudad y acostumbrarlo a la gente. Desde los cinco años, fue enviado como representante de la familia a las casas de otras familias, y, desde los siete, para hacerlo más fuerte, le pusieron sandalias de guerrero de esparto y le mandaron visitar los templos de sus antepasados.

武士道

Se dice que nadie será capaz de acometer grandes obras si no es capaz de comportarse con cierta reserva hacia su señor, el jefe de los siervos y los ancianos. Lo que se hace casual y libremente no saldrá bien. Es una cuestión de actitud.

武士道

Es impropio ignorar la historia y los orígenes de nuestro clan y sus siervos. Sin embargo, a veces, el conocimiento en exceso puede suponer un obstáculo. Hay que ser discreto. Conocer las circunstancias puede resultar también un impedimento en los asuntos cotidianos. Hay que ser discreto.

武士道

Se ha escrito que el monje de Shungaku dijo: «Rehusando simplemente a retirarse frente a un problema, uno puede ganar la fuerza de dos hombres». Esto es interesante. Algo que no se hace aquí y ahora puede quedar pendiente de por vida. Cuando resulta difícil acometer las tareas con la fuerza de un solo hombre, hay que hacerlo con la fuerza de dos. Si se deja para más adelante, uno será negligente para el resto de su vida.

«Patea con rapidez y atraviesa una pared de hierro» es otra frase interesante. Irrumpir rápidamente con pie firme es el primer paso de la celeridad. En relación a esto, Hideyoshi puede considerarse como el único hombre desde la creación de Japón que aprovechó sólidamente una oportunidad única en la vida.

Quienes no dejan de hablar de asuntos de poca importancia probablemente tengan alguna queja anidada en el fondo de la mente. Pero, para ser ambiguos y ocultarlo, repiten lo que dicen una y otra vez. Escuchar tales cosas suscita la duda en el corazón de quien les escucha.

Hemos de tener cuidado de no decir cosas que puedan causar problemas en el mismo momento. Cuando surge alguna dificultad en este mundo, la gente se excita y, antes de que nos demos cuenta, el problema está en boca de todo el mundo. Es inútil. Si va de mal en peor, uno puede convertirse en protagonista de chismes y cotilleos, o, como poco, habrá conseguido granjearse enemigos y acumular intenciones adversas hacia uno mismo por decir algo innecesario. Dicen que, en tales casos, lo mejor es quedarse en casa y pensar en la poesía.

Hablar de los asuntos de los demás es un gran error. Elogiarlos, también; es incluso impropio. En cualquier situación, lo mejor es conocer nuestras propias habilidades, esforzarse en nuestras tareas y manejar un verbo discreto.

武士道

El corazón de una persona virtuosa se ha asentado y no le impele a pasar corriendo por sus asuntos. Una persona de escaso mérito no está en paz, pero recorre el mundo causando problemas y prendiendo el conflicto con todos.

武士道

Es bueno contemplar el mundo como un sueño. Cuando sufres algo parecido a una pesadilla, te despertarás y te dirás a ti mismo que no fue más que un sueño. Se dice que el mundo en el que vivimos no se diferencia apenas.

武士道

Las personas inteligentes usarán esta virtud para amoldar tanto las falsedades como las verdades, e intentarán obtener casi todo lo que deseen merced a su claridad de razonamiento. Esto supone un agravio.

Nada de lo que hagas tendrá efecto si no se emplea la verdad.

En asuntos tales como los procesos judiciales o los acuerdos, perder rápidamente es perder bien. Es como en el *sumo*. Si uno solo piensa en ganar, una victoria sórdida siempre será peor que una derrota. Por lo general, se convertirá en una derrota escuálida.

武士道

Ser profundamente consciente de la diferencia entre uno mismo y los demás; ser portador de malos sentimientos y dejarse llevar por otros son cosas que manan del corazón y carecen de compasión. Si lo envolvemos todo en la compasión del corazón, no habrá lugar al conflicto con los demás.

武士道

Por poco que sepamos, irradiaremos una imagen de sabiduría. Es una cuestión de inexperiencia. Cuando alguien está muy versado en algo, no será visto de tal manera. Tal persona se considerará gentil.

武士道

Al dirigirse a un lugar para mantener una conversación o algo parecido, lo mejor es permitir que la persona lo sepa de antemano y luego ir. Acudir sin saber si la otra parte está ocupada o es presa de alguna ansiedad en particular es embarazoso. Nada supera a ir donde no has sido invitado. Los buenos amigos escasean. Incluso cuando alguien es invitado, debe ser precavido. Es complicado sentir en su profundidad las sensibilidades de las personas que frecuentamos raramente. Los desastres en las reuniones de placer son abundantes.

No obstante, no debemos ser bruscos hacia la persona que viene de visita, aunque estemos ocupados.

武士道

No es buena cosa llevar algo demasiado lejos, aunque sea con la mejor de las intenciones. Hablar demasiado no trae nada bueno, aunque tenga relación con el Budismo, los sermones budistas y las lecciones morales.

武士道

El difunto Jin'emon dijo que lo mejor es no criar hijas. Envilecen el nombre de la familia y avergüenzan a los padres. La hija mayor es especial, pero lo mejor es descuidar a las demás.

武士道

El monje Keiho contó que el señor Aki dijo en una ocasión que el valor marcial es una cuestión de fanatismo. Se me ocurrió que esta idea comulgaba sorprendentemente con mi propia resolución, lo que me llevó a volverme cada vez más extremista en mi fanatismo.

武士道

El difunto Nakano Kazuma dijo que el propósito original de la ceremonia del té es purificar los cinco sentidos.

Para la vista están los pergaminos colgantes y los arreglos florales. Para el olfato está el incienso. Para el oído está el sonido del agua hirviendo. Para el gusto está el sabor del té. Y para el tacto está la corrección. Una vez purificados los cinco sentidos, la mente se purificará por sí sola. La ceremonia del té purificará la mente cuando esta se halle congestionada. No me alejo de la esencia de la ceremonia del té en las veinticuatro horas del día, si bien no es una cuestión de vida placentera. Además, los utensilios del té deberían ir en concordancia con la posición social que ocupamos.

En los versos «Bajo las profundas nieves del último poblado, anoche numerosas ramas de ciruelo florecieron», la opulencia de la escena de las ramas de ciruelo fue sustituida por la de «una sola rama». Se dice que esta única rama contiene la auténtica tranquilidad.

武士道

Cuando amigos íntimos, aliados o gente endeudada con nosotros han incurrido en un entuerto, tendremos que reprenderlos en secreto e intervenir entre ellos y el resto de la sociedad con buenas maneras. Tendremos que borrar la mala reputación de esas personas y elogiarlas como aliados sin parangón, como uno entre mil. Si propináramos tal reprimenda en privado y con un buen enfoque, su deshonra se enmendará y su sombra se hará virtud. Si elogiamos a alguien, los corazones de las personas cambiarán y la mala reputación se desvanecerá por sí sola. Es importante hacer las cosas bien, con compasión y con un único propósito.

武士道

Alguien dijo lo siguiente: «Existen dos tipos de disposición: introvertida y extrovertida. Cualquiera que falle en una u otra, es inútil. Es, por ejemplo, como la hoja de una espada, que debemos afilar bien antes de guardar en su funda. También tenemos que sacarla periódicamente, frunciendo el ceño, como si fuésemos a atacar, limpiar la hoja y volver a guardarla en la funda.

» Si siempre tenemos la espada desenvainada, nuestra hoja siempre estará desnuda, la gente no se nos acercará y nunca tendremos aliados.

» Si una espada está siempre envainada, se oxidará, se quedará sin filo y lo mismo pensará la gente de su propietario.

» No se pueden conseguir las cosas solo con inteligencia. Hace falta una perspectiva amplia. De nada servirá realizar juicios apresurados acerca del bien y del mal. No obstante, tampoco debemos ser perezosos. Se dice que uno no es realmente un samurái si no toma sus decisiones apresuradamente y destaca en la competencia».

武士道

En una ocasión, un grupo de cinco o seis pajes viajaban hacia la capital en la misma embarcación. Dicha embarcación chocó con otra en plena noche. Cinco o seis marineros saltaron a bordo y exigieron altivamente que los pajes soltaran el ancla, según el código de marinería. Al oír eso, los pajes corrieron hacia delante mientras gritaban:

«¡El código de marinería es para gente como vosotros! ¿Creéis que nosotros, samuráis, vamos a dejar que os llevéis material de una embarcación que transporta guerreros? ¡Os rajaremos y arrojaremos al mar hasta al último de vuestros hombres!». Así, todos los marineros huyeron de vuelta a su barco.

En momentos así, uno ha de actuar como un samurái. Para los asuntos baladíes, lo mejor es resolver las cosas gritando, sin más. Si hacemos de un problema algo más de lo que realmente es y perdemos la ocasión, el problema no se resolverá y no habrá ganancia alguna.

武士道

Cierta persona que halló un déficit al cierre de unos libros contables envió una carta al jefe de su sección diciendo: «Es lamentable tener que cometer *seppuku* por un asunto de dinero. Como usted es el jefe de mi sección, ruego envíe fondos». Dado que se trataba de una solicitud razonable, los fondos fueron despachados y el asunto fue resuelto. Se dice que hasta los actos ilegales pueden resolverse discretamente.

武士道

La impaciencia es dañina e impide grandes obras. Si consideramos que algo no es cuestión de tiempo, lo acometeremos de forma sorprendentemente rápida. Los tiempos cambian. Pensemos en el mundo de hace quince años. Debía de ser muy diferente, pero si echásemos un vistazo al libro de las profecías, imagino que descubriremos que no lo era tanto. Dentro de otros quince años, no quedará ni uno solo de los hombres útiles de hoy. E incluso si los jóvenes de hoy llegan hasta entonces, serán probablemente menos de la mitad.

La valía se disipa paulatinamente. Por ejemplo, si hubiese escasez de oro, la plata se convertiría en un tesoro, y si lo que escaseara fuese la plata, el cobre adquiriría su valor. Con el cambio de los tiempos y la merma de las capacidades humanas, todos podemos atesorar un valor adecuado, por pequeño que sea nuestro esfuerzo. Quince años es el espacio de un sueño. Si un hombre apenas cuida de su salud, habrá cumplido con su propósito y se habrá vuelto valioso. Ciertamente, en una época en la que abundan los señores, todos debemos esforzarnos considerablemente. Pero, al mismo tiempo, en un mundo que se decanta por el progresivo declive, la excelencia no es tan difícil.

武士道

Esforzarse sobremanera para corregir las malas costumbres de una persona es lo adecuado. Tenemos que ser como las avispas excavadoras. Se dice que, incluso con un hijo adoptivo, si se le enseña con constancia a que se nos parezca, al final se acabará pareciendo a nosotros.

武士道

Si nuestra fuerza se limita a la que mana de la vitalidad, nuestras palabras y conducta personal irán en concordancia con la Senda y recibiremos los elogios de los demás. Pero si nos cuestionamos acerca de esto, nada habrá que decir. El último verso del poema, que dice: «Cuando te lo pida el corazón» es el principio secreto de todas las artes. Se dice que es un buen censor.

Cuando escuchamos las historias de hombres consumados, hemos de hacerlo con honda sinceridad, aunque se trate de cosas que ya sepamos. Si, al escuchar las mismas cosas diez o veinte veces, damos con una conclusión nueva e inesperada, ese momento será muy especial. En el tedioso discurso de los más ancianos encontraremos sus logros más meritorios.

Capítulo 3
El señor Naoshige dijo una vez...

El señor Naoshige dijo una vez: «No hay sentimiento más profundo que el *giri**. En ocasiones, alguien, como un primo muere, y no es cuestión de ocultar las lágrimas. Y, sin embargo, podemos oír hablar de alguien que vivió hace cien años o más, de quien no sabemos nada y no compartimos lazo familiar alguno y, sin embargo, verter lágrimas azuzados por el sentido del *giri*».

武士道

Cuando el señor Naoshige pasaba por un lugar llamado Chiriku, alguien le dijo: «Aquí vive un hombre de más de noventa años. Dado que es muy afortunado, ¿por qué no hace una parada para visitarlo?». Naoshige respondió: «¿Acaso puede haber alguien más digno de compasión que tal persona? ¿Cuántos hijos y nietos crees que habrá visto morir con sus propios ojos? ¿Dónde está la buena fortuna ahí?».

Al parecer, no hizo esa parada para visitarlo.

———————

* Valor japonés que podría traducirse como «deber» u «obligación» (*N. del T.*).

武士道

Cuando el señor Naoshige estaba hablando con su nieto, el señor Motoshige, le dijo: «Poco importa que uno sea de alta o baja cuna, toda estirpe alcanzará el declive cuando llegue el momento. Si intentamos evitar la ruina en tal momento, el final será más angustioso si cabe. Si creemos que ha llegado el momento, lo mejor será aceptarlo con gracia. Al hacerlo, es posible que perdure un poco más».

Se dice que el hermano pequeño de Motoshige se lo oyó decir.

Capítulo 4
Cuando Nabeshima Tadanao…

Cuando Nabeshima Tadanao tenía quince años, uno de los criados de la cocina incurrió en un acto de insolencia y un soldado raso fue a golpearlo, pero el criado lo mató con la espada. Los ancianos del clan consideraron apropiada la condena a muerte, aduciendo que el hombre había errado, en primer lugar, en lo concerniente a los estamentos de los hombres, además de derramar la sangre de su oponente. Tadanao escuchó y dijo: «¿Qué es peor, errar en lo concerniente a los asuntos de los estamentos de los hombres o apartarse de la Senda del samurái?».

Los ancianos fueron incapaces de contestar. Entonces Tadanao añadió: «He leído que cuando un crimen no está claro, el castigo ha de ser ligero. Que se le encierre durante un tiempo».

武士道

Una vez, cuando el señor Katsushige estaba de caza en Shiroishi, se cobró un gran jabalí. Todo el mundo se acercó corriendo para verlo y le dijeron: «Bueno, bueno. ¡Ha matado una pieza extraordinariamente grande!». De repente, el jabalí se incorporó y arremetió contra todos para huir. Todos salieron corriendo, presas de la confusión. Sin embargo, Nabeshima Matabei desenvainó su espada y acabó con la vida del animal. En ese momento, el señor Katsushige ocultó su rostro tras la manga y dijo: «Menuda polvareda ha levantado». Probablemente lo hizo para no ver el espectáculo de sus hombres azorados.

武士道

Cuando el señor Katsushige era joven, su padre, el señor Naoshige, le enseñó que «para practicar los tajos, hay que ejecutar a algunos hombres condenados a muerte». Así, en el lugar que se encuentra ahora dentro de la puerta occidental, se alineó a los condenados y Katsushige los decapitó, uno a uno, hasta contar nueve. Al llegar al décimo, vio que se trataba de un joven saludable y dijo: «Me he cansado de cortar. Perdonaré la vida de este hombre». Y así fue.

武士道

El señor Katsushige siempre decía que existen cuatro tipos de siervos: los «diligentes, pero rezagados», los «rezagados, pero entusiastas», los «siempre diligentes» y los «siempre rezagados».

Los «siempre diligentes» son aquellos que, cuando reciben una orden, se apresurarán en obedecerla y resolverán el asunto convenientemente. Fukuchi Kichizaemon representa a este tipo.

Los «rezagados, pero entusiastas» son los que, a pesar de no comprender las órdenes, se apresuran y llevan la tarea a buen puerto. Supongo que Nakano Kazuma y similares representan a este tipo.

Los «diligentes, pero rezagados» son aquellos que, al recibir una orden, tienen buena disposición para cumplirla, pero se toman su tiempo para preparar el camino y se toman todo el tiempo necesario. Hay muchos de este tipo.

Aparte de estos, puede decirse que el resto son todos «siempre rezagados».

Capítulo 6
Cuando el señor Takanobu...

Cuando el señor Takanobu participó en la batalla de Bungo, un mensajero llegó desde el campamento enemigo con sake y comida. Takanobu se dispuso a tomarlo enseguida, pero sus hombres lo detuvieron, diciendo: «Los regalos del enemigo seguramente vienen envenenados. Un general no debería comer esto».

Takanobu los escuchó y dijo: «Aunque estuviese envenenado, ¿qué efecto podría tener sobre los acontecimientos? ¡Que venga el mensajero!». Abrió la barrica delante del mensajero, bebió tres cuencos generosos de sake, ofreció otro al mensajero, le dio una respuesta y lo envió de regreso a su campamento.

武士道

Takagi Akifusa se rebeló contra el clan Ryuzoji, recurrió a Maeda Iyo no-kami Iesada y recibió asilo en su casa. Akifusa era un guerrero de coraje sin parangón, además de veterano y ágil espadachín. Sus siervos eran Ingazaemon y Fudozaemon, no menos fornidos que él, que nunca se alejaban de su señor, ni de día, ni de noche. El señor Takanobu envió una petición para que Iesada matara a Akifusa.

En cierto momento, cuando Akifusa se encontraba sentado en el porche mientras que Ingazaemon le lavaba los pies, Iesada se le acercó corriendo por su espalda y le cortó la cabeza. Antes de que esta tocara el suelo, Akifusa desenvainó su espada corta y se volvió para devolver el golpe, pero la que cortó fue la cabeza de Ingazaemon. Ambas cabezas cayeron juntas al barreño. La cabeza de Akifusa se elevó entonces por encima de las presentes. Esa era la técnica mágica que empleaba constantemente.

武士道

El monje Tannen solía decir en sus diatribas diarias que un monje no puede culminar el camino del Budismo si no manifiesta la compasión interior mientras aún acumula coraje interior. Y si un guerrero no manifiesta el coraje hacia el exterior y acumula compasión hasta que le reviente el pecho, no podrá ser nunca un siervo. Por lo tanto, el monje busca el coraje inspirándose en el modelo del guerrero, mientras que el guerrero busca la compasión del monje.

He viajado durante muchos años y he conocido a muchos hombres sabios, pero sin los medios de obtener conocimiento. Por lo tanto, siempre que oía hablar de un hombre de coraje en un lugar o en otro, iba a visitarlo por muy duro que fuese el camino. He aprendido sin lugar a dudas que estas historias de la Senda del samurái han sido una ayuda para el camino del Budismo.

Ahora, un guerrero enfundado en su armadura cargará contra el campamento enemigo, convirtiendo su armadura en su fuerza. ¿Puede creerse que un monje, equipado únicamente con un rosario, podría cargar contra una miríada de lanzas y espadas largas, armado solo con humildad y compasión? Si carece de gran coraje, ni siquiera se lo planteará. Prueba de ello es que un monje que ofrece incienso en un servicio fúnebre budista puede temblar, y esto se debe a que carece de coraje.

Cosas como recuperar a un hombre de entre los muertos o sacar a todas las criaturas del infierno están relacionadas con el coraje. No obstante, los monjes de los últimos tiempos albergan falsas ideas y deseos de convertirse en personas admirables y gentiles; ninguno está dispuesto a recorrer la Senda. Además, entre los guerreros existen algunos cobardes que anteponen el Budismo. Son cosas lamentables. Es un gran error que todo joven samurái aprenda el Budismo. La razón es que verá las cosas de dos maneras distintas. Cualquiera que no apueste por una sola dirección carecerá de todo valor. No está mal que los ancianos retirados aprendan el Budismo como divertimento, pero si un guerrero se carga de lealtad y devoción filial, por una parte, y coraje y compasión por la otra, las veinticuatro horas del día, hasta que se le agoten los hombros, se convertirá en un samurái.

Durante los rezos de la mañana y la tarde, así como durante todo el día en general, lo mejor que podemos hacer es recitar el nombre de nuestro señor. En nada se diferencia esto de los nombres de Buda y las palabras sagradas. Son estos asuntos relativos a la fuerza de nuestro destino. Es más, uno debe estar en armonía con sus dioses. La compasión es como una madre que nutre nuestro destino. Los ejemplos de guerreros ruines y despiadados que únicamente atesoraban valor son flagrantes, tanto en tiempos pasados como presentes.

武士道

En un momento dado de una conversación, un siervo del señor Nabeshima Naohiro dijo: «No hay aquí hombres en los que mi señor pueda confiar realmente. Si bien me reconozco consistentemente inútil, soy el único que estaría dispuesto a perder la vida por vos».

Se dice que el señor Naohiro estalló en una ira ultrajada, y dijo: «¡Ni uno de nuestros siervos lamenta conservar la vida! ¡Tus palabras son de arrogancia!», y a punto estuvo de golpearlo cuando otros, allí presentes, se lo llevaron a rastras.

武士道

Una vez, cuando el señor Tanesada, el fundador de la familia Chiba, venía por mar a la isla de Shikoku, un fuerte viento empezó a soplar y dañó su embarcación. La salvaron acumulando orejas marinas para taponar las vías de agua. Desde entonces, ninguno de los miembros o los siervos de la familia China volvió a comer orejas marinas. Si alguno lo hacía por error, se dice que su cuerpo se llenaba de forúnculos con forma de oreja marina.

武士道

Durante la caída del castillo de Arima, en el vigésimo octavo día, en la ciudadela más interior, Mitsuse Genbei se sentó en un dique que separaba los campos. Cuando Nakano Shigetoshi pasó por allí y preguntó por la razón de aquello, Mitsuse respondió: «Padezco dolores abdominales y no puedo ir más lejos. He enviado a los de mi grupo por delante, así que te ruego que tomes el mando». Esto lo relató un capataz, aludiendo a ello como un caso de cobardía, y Mitsuse recibió la orden de cometer *seppuku*.

Hace mucho tiempo, los dolores abdominales se llamaban «pasto de la cobardía». Esto se debe a que sobrevienen de repente e inmovilizan a la persona que los padece.

武士道

Cuando murió el señor Nabeshima Naohiro, el señor Mitsushige prohibió a los siervos del fallecido la práctica del *tsuifuku**. Su mensajero acudió a la mansión de Naohiro y pronunció la declaración, pero los receptores de la noticia no podían estar menos de acuerdo. De entre ellos, fue Ishimaru Uneme (más tarde llamado Seizaemon) desde el asiento de menor categoría el que dijo: «Es impropio de mí, como el más joven, tomar la palabra, pero creo que lo que ha dicho el señor Katsushige es razonable. Como persona que recibió la protección de su señor durante la juventud, siempre he tenido las ideas claras acerca del *tsuifuku*. Pero al escuchar la resolución del señor Katsushige y convencerme de su razonamiento, independientemente de lo que hagan los demás, renuncio al *tsuifuku* y serviré al sucesor de mi señor». Al oírlo, los demás hicieron lo mismo.

---

* Se trata de la ceremonia de practicar el *seppuku* a la muerte del propio señor *(N. del T.)*.

武士道

Una vez, el señor Masaie estaba jugando al *shogi** con el señor Hideyoshi ante un público compuesto por varios daimios. Llegado el momento de retirarse, si bien podía mantenerse en pie, los pies del señor Masaie estaban entumecidos y era incapaz de dar un paso. Así que se retiró a gatas, causando las risas de todo el mundo. Dado que el señor Masaie era obeso, no podía arrodillarse con normalidad. Tras ese acontecimiento, consideró que ya no podía acudir a actos de ese tipo y renunció a ellos.

武士道

Nakano Uemonnosuke Tadaaki fue asesinado el decimosegundo día del octavo mes del sexto año de Eiroku, con ocasión de la guerra entre el señor Goto y el señor Hirai, de Suko, en la isla de Kabashima, del distrito con el mismo nombre. Cuando Uemonnosuke se dirigía hacia las líneas del frente, abrazó a su hijo Shikibu (más tarde conocido como Jin'emon) en el jardín. Si bien este era aún demasiado joven, le dijo: «¡Cuando crezcas, gánate el honor mediante la Senda del samurái!».

Así, por muy jóvenes que fuesen sus hijos, Yamamoto Jin'emon reunía a su alrededor a sus hijos y les decía: «Creced para convertiros en hombres grandes y robustos, y sed de utilidad para vuestro señor». Solía decir: «Es

---

* Juego de estrategia japonés, similar al ajedrez (*N. del T.*).

bueno susurrarles estas cosas a los oídos, aunque sean todavía demasiado jóvenes para comprenderlo».

武士道

Cuando el hijo legítimo de Ogawa Toshikiyo, Sahei Kiyoji, murió de joven, un igualmente joven siervo cabalgó hasta el templo y cometió *seppuku*.

武士道

Cuando Taku Nagato no-kami Yasuyori murió, Koga Yataemon dijo que había sido incapaz de devolver la amabilidad de su señor y cometió *tsuifuku*.

Capítulo 7
Narutomi Hyogo dijo...

Narutomi Hyogo dijo: «Lo que se conoce como victoria es la derrota de los propios aliados. La derrota de los propios aliados es la derrota de uno mismo, y la derrota de uno mismo equivale a la vigorosa superación de la propia dimensión física.

» Es como si un hombre se encontrase entre diez mil aliados, pero ninguno lo siguiera. Si uno no ha conseguido dominar previamente su mente y su cuerpo, no será capaz de derrotar al enemigo».

武士道

Durante la rebelión de Shimabara, dado que su armadura aún estaba en el campamento, Shugyo Echizen no-kami Tanenao participó en la lucha vestido únicamente con su *hakama* y su *haori*. Se dice que murió en combate ataviado de esta guisa.

Durante el ataque al castillo de Shimabara, Tazaki Geki vestía una armadura resplandeciente. El señor Katsushige no estaba muy satisfecho con esto, tras lo cual, cada vez que veía algo ostentoso, solía decir: «Es como la armadura de Geki».

A tenor de esta historia, la armadura y el equipo militar ostentosos pueden interpretarse como un síntoma de debilidad. A través de ellos puede vislumbrarse el corazón de quien los porta.

Cuando Nabeshima Hizen no-kami Tadanao murió, su criado Ezoe Kinbei llevó sus restos para bendecirlos en el monte Koya. Luego, confinado en una ermita, talló una estatua de su señor y otra de sí mismo haciendo una reverencia frente al otro. En el primer aniversario de la muerte de Tadanao, regresó a casa y cometió *tsuifuku*. Más tarde, la estatua fue trasladada del monte Koya hasta el Kodenji.

De la misma generación que el señor Mitsushige, Oishi Kosuke fue primero un soldado raso al servicio de su señor. Siempre que este viajaba a su segunda residencia en Edo, Kosuke hacía la ronda por los dormitorios de su señor, y si consideraba que una zona determinada no era segura, desplegaba un colchón de paja y permanecía allí en vela, solo, toda la noche. Cuando llovía solo se ponía un sombrero de bambú y un chubasquero de papel aceite y vigilaba bajo el aguacero. Se dice que, hasta el último día, jamás se descuidó una sola noche.

Cuando Oishi Kosuke era *uchitonin**, un misterioso personaje se infiltró en la casa por los dormitorios de las doncellas a altas horas de la noche. Se produjo una gran conmoción en toda la casa, y hombres y mujeres de todas las categorías corrían de un lado a otro. Al único que no se veía era a Kosuke. Mientras las doncellas de mayor categoría inspeccionaban el recinto, Kosuke desenvainó su espada y aguardó en silencio en el cuarto contiguo al dormitorio de su señor. Dada la confusión reinante, sintió que su señor podía correr peligro y allí se quedó para protegerlo. Debido a este hecho, se dice que su perspectiva de las cosas era muy diferente a la de los demás.

El hombre que se había infiltrado era Narutomi Kichibei. Él y su cómplice, Hamada Ichizaemon, fueron condenados a muerte por adulterio.

武士道

Una vez, cuando el señor Katsushige estaba cazando en Nishime, por alguna razón montó en cólera. Sacó la espada de su *obi*, funda incluida, y la emprendió a golpes con Soejima Zennojo, pero en uno de los movimientos la espada se salió y cayó por un barranco y este tuvo que recogerla. Cuando la recuperó, se la colgó del cuello, escaló el precipicio y se la ofreció a su señor. Desde el punto de vista de la rapidez de reflejos y corrección, se dice que su actuación fue insuperable.

---

* Encargado de la vigilancia de un área concreta de la mansión (*N. del T.*).

武士道

En cierta ocasión, cuando el señor Sane Ukyo estaba cruzando el río Takao, el puente estaba siendo reparado y había un pilote que no podían extraer. El señor Ukyo desmontó de su caballo, asió el pilote con firmeza, lanzó un grito y empezó a tirar de él. Se produjo un tremendo sonido, y si bien pudo elevarlo hasta su misma altura, no fue más allá y volvió a hundirse. Al regresar a su casa, enfermó y murió repentinamente.

Durante el funeral, que se celebró en el tempo de Jobaru, cuando la procesión cruzó el río Takao, el cadáver saltó del ataúd y se precipitó al río. Un aprendiz de dieciséis años, de Shufukuji, saltó inmediatamente detrás y consiguió aferrar el cadáver. Todos acudieron entonces al río para ayudar a recuperar al difunto. El abad quedó impresionado e indicó a los demás aprendices que siguieran el ejemplo de ese joven. Se dice que, más tarde, el joven aprendiz se convirtió en un monje muy famoso.

武士道

Jin'emon ordenó a su hijo, Yamamoto Kichizaemon, matar a un perro cuando tenía cinco años, y a los quince tuvo que ejecutar a un criminal. Todo el mundo, a la edad de catorce o quince años, tenía que ser capaz de decapitar sin error alguno. Cuando el señor Katsushige era joven, el señor Naoshige le ordenó practicar la decapitación con la espada. Se dice que, por aquel entonces, tuvo que ejecutar a más de diez hombres consecutivamente.

Hace mucho tiempo, se seguían estas prácticas, sobre todo entre las clases más elevadas, pero hoy ni siquiera los hijos de las clases más bajas realizan ejecuciones, un abandono sumamente preocupante. Argumentar que se puede vivir sin este tipo de actos, que no hay mérito alguno en la ejecución de un condenado, que es un crimen o que es un acto envilecedor no es más que una excusa. En definitiva, ¿no podría desprenderse de todo esto que, es débil el que solo se dedica a cortarse las uñas y acicalarse?

Si escudriñamos el alma de un hombre que hallase tales cosas desagradables, veríamos que recurre a las tretas intelectuales y a las excusas para no matar por falta de arrojo. Pero Naoshige lo ordenó claramente porque es algo imperativo.

El año pasado fui al cadalso de Kase para practicar mis habilidades de decapitación, y descubrí que se me daba notablemente bien. Que alguien lo considere desagradable es una muestra palmaria de cobardía.

武士道

Había entre los pajes más jóvenes del séquito del señor Mitsushige uno llamado Tomoda Shozaemon. Era un joven más bien libertino que se enamoró de uno de los actores principales del teatro, llamado Tamon Shozaemon, lo que le impelió a cambiarse el nombre y el emblema por los del actor. Absolutamente abandonado a este menester, se gastó todos sus ahorros y perdió toda su ropa y mobiliario. A la larga, cuando se quedó sin medios materiales, robó la espada de Mawatari Rokubei y mandó a un lancero para que la vendiese en una casa de empeños.

El lancero, no obstante, confesó el delito, y al cabo de la investigación, tanto él como Shozaemon, fueron condenados a muerte. El investigador era Yamamoto Gorozaemon. Al leer el informe, dijo en voz alta: «El testigo de cargo es el lancero Fulano».

Mitsushige respondió rápidamente: «Que lo ejecuten».

Cuando llegó el momento de anunciar a Shozaemon cuál sería su propio destino, Gorozaemon se le acercó y le dijo: «Ya no tienes nada que hacer. Prepárate para morir».

Shozaemon se dispuso y dijo: «Muy bien. Comprendo lo que has dicho y agradezco tus palabras». Sin embargo, gracias a las argucias de alguna persona, mientras se le presentaba a un *kaishaku*, se dispuso que fuese un soldado raso, Naozuka Rokuuemon, quien se adelantara desde un lado para decapitarlo.

Cuando llegaron al lugar de las ejecuciones, el asistente de suicidio se situó ante Shozaemon, quien lo saludó con gran calma. Pero entonces vio que Naozuka desenvainaba la espada, y se levantó de un salto, diciendo: «¿Quién eres tú? ¡No voy a consentir que seas tú quien me corte la cabeza!». Perdió la compostura y dio un terrible espectáculo de cobardía. Por fin, tuvieron que sujetarlo, tenderlo en el suelo, y decapitarlo de ese modo.

Gorozaemon dijo más tarde, en privado: «Es probable que hubiera sabido morir como es debido si no le hubieran engañado».

Noda Kizaemon, dijo sobre las funciones del asistente de suicidio ritual: «Cuando un hombre, pierde el juicio y se revuelca por el suelo en el lugar de su ejecución, es probable que se haga algo mal en la asistencia del suicidio. En tal caso, espera primero un poco y arréglatelas para armarte de fuerza. Después, si cortas desde la firmeza y no desaprovechas la oportunidad, lo harás como es debido».

武士道

En la época del señor Katsushige, había siervos a los que se hacía trabajar ante el señor desde la juventud, independientemente de la clase social. Una vez, cuando Shiba Kizaemon desempeñaba sus funciones de esta manera, el señor se estaba cortando las uñas, y le dijo: «Tíralas». Kizaemon recogió las uñas cortadas pero no se puso de pie, y el maestro le preguntó: «¿Qué pasa?». Kizaemon dijo: «Falta una». Y el señor dijo: «Aquí está», y le entregó la uña que había escondido.

武士道

Sawabe Heizaemon recibió la orden de cometer *seppuku* el decimoprimer día del decimoprimer mes del segundo año de Tenna. Cuando recibió la noticia, la noche del décimo día, envió una solicitud a Yamamoto Gonnojo (Tsunetomo) para que fuera su *kaishaku*. He aquí una copia de la respuesta de Yamamoto (Tsunetomo tenía veinticuatro años por aquel entonces):

«Estoy de acuerdo con tu resolución y acepto tu petición para ser tu *kaishaku*. Mi instinto me aconsejaba rechazarla, pero dado que el ritual se celebrará mañana, no hay tiempo para excusas y realizaré la labor. El hecho de que me hayas escogido a mí de entre tantos otros es una gran satisfacción personal. Por favor, sosiega tu mente en cuanto a todo lo que está por venir. Si bien ya es tarde, iré a tu casa para hablar de los detalles».

Cuando Heizaemon leyó la respuesta, dicen que su comentario fue: «He aquí una carta inigualable».

Desde la más remota antigüedad, los siervos han considerado que recibir la petición para asistir a alguien en su suicidio ritual traía mala suerte. La razón de ello es que tal labor no aporta buena reputación, por bien que se lleve a cabo. Y la torpeza en la ejecución sería una mancha de por vida.

武士道

En una ocasión, cuando Tanaka Yahei estaba atendiendo unos asuntos en Edo, uno de sus lacayos se comportó con cierta insolencia y Yahei lo reprendió con severidad. Más tarde, esa noche, Yahei oyó el ruido de alguien acercándose por la escalera. Lo halló sospechoso y se levantó en silencio. Espada corta en mano, preguntó quién andaba ahí, y resultó ser el lacayo al que había reprendido, que también portaba una espada corta escondida. Yahei saltó y, con un solo tajo, cercenó al otro. Más tarde, oí a mucha gente decir que fue cosa de buena suerte.

武士道

Un tal señor Tokuhisa nació diferente con respecto a los demás y parecía un poco retrasado. En una ocasión invitaron a alguien a comer y se sirvió ensalada de besugo. Entonces todo el mundo dijo: «La ensalada de besugo del señor Tokuhisa», y se echaron a reír. Más tarde, cuando prestaba audiencia, alguien se burló de él citando la frase anterior, Tokuhisa desenvainó la espada y lo mató allí mismo. El hecho fue investigado y se informó al señor Naoshige: «Se recomienda que se ejecute el *seppuku*, ya que puede considerarse un acto de ira espontánea».

Cuando el señor Naoshige fue informado, dijo: «Consentir en silencio una burla personal es de cobardes. No se puede obviar este hecho aunque uno se encuentre dentro del palacio. Quien se burla de los demás es un necio en sí mismo. Si murió por la espada fue por su propia culpa».

武士道

Una vez, cuando Nakano Mokunosuke subió a una pequeña embarcación en el río Sumida para tomar el fresco, un bandido se coló también y cometió todo tipo de actos perniciosos. Cuando Mokunosuke vio que el bandido se estaba aliviando en una de las bordas, lo decapitó allí mismo y la cabeza cayó al río. Para que nadie se diese cuenta, tapó el cuerpo rápidamente con varias cosas. Entonces le dijo al barquero: «Esto no debe saberse. Rema río arriba y entierra el cadáver. Te pagaré bien por ello».

El barquero hizo lo que le ordenaron, pero en la misma laguna donde enterraron el cuerpo del bandido, Mokunosuke cortó la cabeza del barquero y regresó directamente. Se dice que esto nunca llegó a saberse públicamente. En la embarcación había también un joven prostituto homosexual. Mokunosuke dijo: «Ese también era un hombre. Lo mejor es aprender a cortar hombres cuando uno todavía es joven», de modo que el hombre cortó el cadáver una vez. Por eso, el joven no diría nada al respecto más adelante.

武士道

Se dice que cada vez que se reunía el grupo de Oki Hyobu para resolver sus asuntos, este decía: «Los más jóvenes deberían disciplinarse rigurosamente en lo referente a atención y coraje. Esto solo se consigue si llenamos el corazón de coraje. Si se rompe la espada, ataca con las manos. Si te cortan las manos, empuja al enemigo con los hombros. Si no, con los dientes. Eso es el coraje».

武士道

Shida Kichinosuke dijo: «Al principio, es agobiante correr hasta quedarse sin aliento. Pero se produce una sensación extraordinariamente agradable cuando nos quedamos quietos después de la carrera. Es más, es mejor sentarse. Más aún, es incluso mejor tumbarse. Y, lo mejor de todo: tumbarse con una almohada y dormir saludablemente. La vida de todo hombre debería ser así. Esforzarse en demasía cuando se es joven y dormir cuando se es viejo, en el lecho de muerte, es como debería ser. Pero dormir primero y esforzarse mucho después… Esforzarse al final y acabar con una vida laboriosa es lamentable». Shimomura Rokurouemon fue quien refirió esta historia.

Hay otro dicho similar de Kichinosuke: «La vida de un hombre debería ser lo más ardua posible».

武士道

Cuando Ueno Rihei era inspector contable en Edo, tenía un joven asistente que trataba de una manera muy íntima. En la primera noche del octavo mes, se fue a beber con Hashimoto Taemon, un supervisor de soldados rasos y se emborrachó tanto que perdió el sentido común. Acompañó a su joven asistente de regreso a casa, balbuceando como lo hacen los borrachos, y cuando llegaron Rihei dijo que iba a matar a su asistente con la espada. El asistente apartó la punta de la vaina de la espada. Forcejearon y ambos cayeron a un arroyo, el asistente por encima, empujando a Rihei. En ese momento, el criado de Rihei llegó corriendo y preguntó: «¿Se encuentra el señor Rihei encima o debajo?».

Cuando Rihei respondió: «¡Estoy debajo!», el criado apuñaló al asistente una vez. Este se incorporó y, dado que la herida era superficial, salió corriendo.

Durante la investigación de los hechos, Rihei fue encerrado en la prisión de Naekiyima y condenado a la pena capital mediante decapitación. Antes, durante su estancia en Edo, en una casa alquilada en el distrito de los comerciantes, un criado le había hecho frente y lo había pasado por la espada. Esa vez, sin embargo, había actuado adecuadamente, y la gente dijo que lo había hecho como un hombre. Esta vez, no obstante, sus actos habían sido ultrajantes y ciertamente innecesarios.

Si pensamos bien en todo esto, de principio a fin, emborracharse hasta tal punto y desenvainar la espada es un acto de cobardía y de falta de determinación. El criado de Rihei era de Taku, pero nadie recuerda su nombre. Si bien pertenecía a las clases inferiores, era un hombre valiente. Se dice que Taemon se suicidó durante la investigación.

武士道

En el apartado decimosegundo del quinto capítulo del *Ryoankyo* figura esta historia: «En la provincia de Hizen había un hombre de Taku que, a pesar de haber contraído la viruela, se planteaba unirse a las fuerzas que estaban atacando el castillo de Shimabara. Sus padres intentaron convencerle denodadamente de lo contrario, diciendo: "Con una enfermedad tan grave, aunque llegases allí, ¿de qué utilidad ibas a ser?".

» Él respondió: "Preferiría morir por el camino. Tras recibir la cálida benevolencia del señor, ¿acaso he de decirme ahora que no seré de utilidad para él?". Y partió al frente. A pesar de ser un campamento de invierno y de que hacía un frío extremo, no prestó la menor atención a su propia salud y ni siquiera se preocupó de llevarse ropa de abrigo, ataviado con la armadura día y noche. Además, no se ocupó de la higiene y terminó por recuperarse rápidamente y pudo completar su juramento de lealtad. Así, al contrario de lo que cabría esperar, no puede decirse que deba despreciarse la falta de limpieza.

» Cuando el maestro Suzuki Shozo supo de esto, dijo: "¿Acaso no fue un acto de limpieza arrojar la propia vida por su señor? El que está dispuesto a dar la vida por su señor, no tiene por qué invocar al dios de la viruela. Todos los dioses de los cielos lo protegerán"».

武士道

El señor Katsushige dijo: «No ha de preocuparnos si un hombre de Hizen teme o no a la muerte. Lo que sí debe hacerlo es que la gente no grabe en su corazón la orden de respetar con corrección las reglas relacionadas con los modales y la etiqueta. Temo que todo nuestro clan, nuestros parientes y nuestros ancianos, por un exceso de ardor, lleguen a despreciar la orden de guardar la etiqueta por parecerles exagerada. Hasta ahora, hemos tenido hombres acostumbrados a estas cosas, y aunque se quebrantara levemente la etiqueta, recordaban los modos correctos y arreglaban la situación. He proclamado esta orden porque la gente descuida este tipo de asuntos».

武士道

En la era Genroku había un samurái de clase baja, de la provincia de Ise, llamado Suzuki Rokubei. Estaba enfermo con unas fiebres graves y a duras penas mantenía la conciencia. Un enfermero tuvo un ataque inesperado de codicia y se dispuso a abrir la escribanía para robarle el dinero que allí guardaba. Entonces el enfermo se movió de pronto, sacó la espada de debajo de la almohada y, atacando súbitamente al hombre, lo abatió. Después, el enfermo cayó muerto. Con este acto, Rokubei demostró que era hombre de principios puros. Oí contar esta historia en Edo, pero más tarde, sirviendo en la misma provincia al doctor Nagatsuka, que también era natural de la provincia de Ise, se lo pregunté y, en efecto, conocía la historia y dijo que era cierta.

Capítulo 8
En la noche del decimotercer día…

En la noche del decimotercer día del noveno mes del cuarto año de Teikyo, un grupo de diez actores del teatro No se encontraba admirando la luna en la casa de Nakayama Mosuke, un soldado raso, en Sayanomoto. Todos, empezando por Naotsuka Kanzaemon, se burlaron del soldado de a pie, Araki Kyuzaemon, por su corta estatura. Araki se molestó mucho, mató a Kanzaemon con su espada y atacó a los demás.

Si bien perdió la mano, Matsumoto Rokuzaemon bajó hasta el jardín, agarró a Araki por detrás con la mano que le quedaba y dijo: «¡A los que son como tú, les retuerzo la cabeza con una sola mano!». Se hizo con la espada de Araki y lo empujó hacia el umbral de la puerta y lo inmovilizó con la rodilla, pero cuando lo cogió del cuello, se debilitó y el otro pudo con él.

Araki contraatacó a los que lo rodeaban, pero ahora el señor Hayata (más tarde conocido como Jirozaemon) se enfrentó a él con una lanza. Al final varios hombres pudieron con él. A continuación, Araki tuvo que hacer *seppuku*, y los demás implicados fueron obligados a convertirse en *ronin* por su indiscreción, si bien Hayata fue perdonado más adelante.

Como se da el caso de que Tsunetomo no recuerda bien la historia, hay que preguntar por ahí.

武士道

Hace algunos años, se llevó a cabo una lectura de los sutras en el templo de Jissoin, en Kawakami. Cinco o seis hombres de Kon'yamachi y la zona de Tashiro acudieron al acto religioso y, en el camino de vuelta, bebieron un poco. Entre ellos había un siervo de Kizuka Kyuzaemon, quien, por alguna razón, declinó la invitación de sus compañeros a unirse a ellos y emprendió el regreso antes del anochecer. Los demás, no obstante, se enzarzaron más tarde en una pelea con otro grupo y los pasaron por la espada.

El siervo de Kyuzaemon recibió la noticia a última hora de la noche y acudió rápidamente a los alojamientos de sus compañeros. Escuchó los detalles de lo ocurrido y dijo: «Supongo que al final tendréis que elaborar una declaración. Cuando lo hagáis, espero que digáis que yo también estaba allí y participé en la matanza. A mi regreso diré lo mismo a Kyuzaemon. Y, dado que la pelea responsabiliza a todos los implicados, debería sufrir la misma sentencia capital que vosotros. Y ese es mi deseo más profundo. La razón es que, aunque tuviese que explicarle a mi señor que regresé a casa temprano, jamás lo aceptaría como una verdad. Kyuzaemon siempre ha sido un hombre severo, y aunque los investigadores dictaminaran mi inocencia, probablemente haría que me ejecutasen por cobarde ante sus propios ojos. En tal caso, morir con la reputación manchada sería extremadamente lamentable.

» Dado que mi destino es morir de todos modos, me gustaría que fuese por la culpa de haber matado a un hombre. Si no estáis de acuerdo con esto, me rajaré las tripas aquí mismo».

Sin alternativa posible, sus compañeros testificaron como él quiso. Más tarde, a pesar de que sus compañeros declararon en ese sentido, se supo que el siervo había regresado a casa pronto. Todos los investigadores quedaron impresionados y, de hecho, elogiaron al hombre. Estos hechos me fueron transmitidos solo a grandes rasgos, así que consultaré los detalles más adelante.

武士道

En una ocasión, cuando Nabeshima Aki no-kami Shigetake se encontraba en pleno almuerzo, se presentó una visita repentina y tuvo que dejar el plato a medias. Más tarde, cierto siervo suyo se sentó al plato y empezó a comerse el pescado frito que contenía. Cuando el señor Aki volvió y lo vio, el siervo se ruborizó y salió corriendo. El señor Aki gritó: «¡Qué clase de esclavo de baja estofa has de ser para comerte la comida que ha estado comiendo otro!», y se sentó para apurar lo que quedaba de pescado.

Esta es una de las historias de Jin'emon. Se dice que este siervo es uno de los que cometieron *tsuifuku* delante de su señor.

武士道

Yamamoto Jin'emon siempre decía a sus siervos: «No dudéis en jugar y mentir. El hombre que no pronuncie siete mentiras en cien metros es un hombre inútil». Hace mucho, la gente hablaba de esta manera porque solo les preocupaba la actitud de los hombres acerca de los asuntos militares y consideraban que una persona «correcta» nunca alcanzaría grandes proezas. También omitían la mala conducta de los hombres y perdonaban tales asuntos diciendo: «También hacen cosas buenas…».

Hombres como Sagara Kyoma también excusaban a siervos que habían robado o cometido actos de adulterio, y los entrenaban gradualmente. Decía: «Si no fuese por personas como estas, no nos quedaría ni un solo hombre útil».

武士道

Ikumo Oribe dijo: «Si un siervo se pone a pensar en las tareas pendientes para la jornada, será capaz de hacer cualquier cosa. Si es el trabajo de una sola jornada, podrá acometerlo. El de mañana también será un solo día».

武士道

En la época en la que el señor Nabeshima Tsunashige aún no había heredado el señorío, fue convertido por el monje zen Kurotakiyama Choon, quien le enseñó el Budismo. Dado que había alcanzado la iluminación, el monje se dispuso a entregarle el sello, y eso se supo en toda la casa. En esa época, Yamamoto Gorozaemon había recibido la orden de ejercer como siervo y supervisor de Tsunashige. Cuando la noticia llegó a su conocimiento, estaba convencido de que no funcionaría en absoluto y planeó enviar una solicitud a Choon y, en caso de que no accediera, matarlo. Fue a la casa del monje en Edo. El monje, pensando que se trataba de un peregrino, lo recibió con dignidad.

Gorozaemon se le acercó y le dijo: «Tengo un secreto que contarte a solas. Por favor, despide a tus monjes asistentes.

» Se dice que pronto otorgarás a Tsunashige el sello por su alcance de la iluminación en el Budismo. Como eres de Hizen, deberías conocer en gran medida las costumbres de los clanes Ryuzoji y Nabeshima. Nuestro país está gobernado por la armonía entre las altas y bajas clases porque, a diferencia de otros, cuenta con continuos herederos para las sucesivas generaciones. Desde el principio de la Historia, jamás un daimio ha recibido el sello budista. Si se lo otorgas ahora, es probable que Tsunashige se considere un iluminado y tilde lo que le digan sus siervos como el suelo que pisa. Un gran hombre se tornará vano. Ni se te ocurra darle ese premio. Si no estás de acuerdo, yo también vengo decidido». Esto lo dijo con gran determinación.

El color del monje cambió, pero dijo: «Bueno, bueno. Tus intenciones son de fiar, y veo que entiendes bien los asuntos de tu clan. Eres un siervo leal…».

Pero Gorozaemon dijo: «¡No! Conozco esa estratagema. No he venido para que me regales elogios. No quiero saber más. Dime claramente si tienes intención de cancelar la entrega del sello, o no».

Choon dijo: «Lo que dices me parece razonable. Sin duda, no le entregaré el sello».

Gorozaemon se aseguró de ello y se volvió.

Tsunetomo oyó la historia directamente de boca de Gorozaemon.

武士道

Un grupo de ocho samuráis salieron para divertirse. Dos de ellos, Komori Eijun y Otsubo Jin'emon, fueron a una casa de té frente al templo de Kannon, en Asakusa, discutieron con los empleados masculinos del establecimiento y recibieron una paliza. Los demás lo oyeron mientras disfrutaban de una excursión en barca, y Mute Rokuemon dijo: «Deberíamos volver para vengarnos». Yoshii Yoichiemon y Ezoe Jinbei estuvieron de acuerdo.

No obstante, los demás los disuadieron diciendo: «Esto causará problemas al clan», y se volvieron a casa. Al llegar a la mansión, Rokuemon volvió a insistir: «¡Creo que deberíamos vengarnos!», pero los demás volvieron a disuadirlo. A pesar de recibir muchas heridas en brazos y piernas, Eijun y Jin'emon mataron a todos los hombres de la casa de té con sus espadas, y el señor castigó a los que habían regresado.

Más tarde se suscitaron debates acerca de los detalles de los hechos. Alguien dijo: «Si esperamos a obtener el acuerdo de los demás, un asunto como el cobro de la venganza nunca quedará concluso. Hay que tener la resolución de ir, aunque sea a solas, e incluso morir. El que habla mucho sobre la venganza y no hace nada, es un hipócrita. Las personas inteligentes que solo usan la boca, cuidan de su reputación de cara al futuro. Pero un hombre verdaderamente fuerte es el que saldrá en secreto, sin decir nada, para encontrarse con la muerte. No es necesario cumplir con el objetivo; el triunfo llega con la muerte. Tal persona tiene más probabilidades de lograr sus objetivos».

武士道

Ichiyuken era un criado de baja clase en la cocina del señor Takanobu. Por culpa de una disputa por un asunto de sumo, mató con la espada a siete u ocho hombres y se le ordenó que se suicidara. Pero cuando el señor Takanobu supo de la historia, perdonó al criado y dijo: «En estos tiempos convulsos para el país, los hombres valientes son importantes. Y este parece sobradamente valiente». Así, durante la batalla en el río Uji, el señor Takanobu se llevó consigo a Ichiyuken, quien se ganó una fama inigualable por avanzar siempre hacia el frente y saquear al enemigo.

En la batalla de Takagi, Ichiyuken se adentró tan profundamente en las líneas enemigas que el señor Takanobu se arrepintió y lo llamó de regreso. Como la línea de vanguardia no había podido avanzar, el señor Takanobu solo pudo recuperarlo cabalgando rápida y personalmente entre las líneas y agarrándolo por la manga de su armadura. Ichiyuken había sufrido numerosas heridas en la cabeza, pero se las había vendado con hojas atadas a una fina toalla.

武士道

En el primer día del ataque al castillo de Hara, Tsuruta Yashichibei llegó con un mensaje del señor Mimasaka a Oki Hyobu, pero cuando lo estaba entregando, recibió un disparo en la zona pélvica procedente del castillo y cayó de cara. Se levantó y entregó el resto del mensaje, fue abatido una segunda vez y murió. El cuerpo de Yashichibei fue llevado de vuelta por Taira Chihyobei. Cuando Chihyobei regresaba al campamento de Hyobu, también fue alcanzado por una bala de mosquete y murió.

武士道

Denko nació en Taku, y los miembros de su familia que vivían en ese momento eran Jirobei, su hermano mayor, su hermano menor y su madre. Alrededor del noveno mes, su madre llevó al hijo de Jirobei para oír un sermón. Llegada la hora de volver a casa, mientras se ponía las sandalias de paja, el niño pisó accidentalmente el pie del hombre que había junto a él. El hombre regañó al niño y al final se enzarzaron en una vehemente discusión que acabó cuando el hombre desenvainó la espada corta y acabó con su vida. La madre de Jirobei se quedó sin habla. Se lanzó sobre el hombre, quien la mató a ella también. Después, el hombre volvió a su casa.

Su nombre era Gorouemon, y era hijo de un *ronin* llamado Nakajima Moan. Su hermano menor era el asceta de la montaña, Chuzobo. Moan era consejero del señor Mimasaka, y Gorouemon también recibía un estipendio.

Cuando se conocieron las circunstancias del suceso en casa de Jirobei, su hermano menor fue directamente a casa de Gorouemon. Al ver que la puerta estaba atrancada desde dentro y que nadie salía a abrir, disimuló su voz, fingiendo ser otro visitante. Cuando se abrió la puerta, gritó su auténtico nombre y cruzó espadas con su enemigo. Ambos cayeron a un montón de basura, pero finalmente

Gorouemon murió. En ese momento irrumpió Chuzobo y rajó al hermano menor de Jirobei.

Al conocer el incidente, Denko acudió inmediatamente a casa de Jirobei y dijo: «De nuestros enemigos, solo uno ha caído, y nosotros hemos perdido a tres. Esto es extremadamente lamentable, entonces, ¿por qué no atacar a Chuzobo?». Jirobei, no obstante, no satisfizo la demanda.

Denko sentía que la situación era realmente vergonzosa y, a pesar de tratarse de un monje budista, decidió atacar al enemigo de su madre, hermano pequeño y sobrino. Aun así, sabía que, dado que no era más que un monje ordinario, lo más probable era que se produjese una represalia por parte del señor Mimasaka, por lo que se esforzó al máximo, hasta llegar a monje principal del Ryuunji. Después acudió al fabricante de espadas Iyonojo y le encargó una espada larga y otra corta, se le ofreció como aprendiz e incluso se le permitió participar en la confección de las armas.

En el vigésimo tercer día del noveno mes del año siguiente, ya estaba listo para irse. Quiso la suerte que llegase un visitante en ese momento. Denko ordenó que se sirviera comida y salió a hurtadillas de la habitación del monje principal disfrazado de seglar. Acudió a Taku y, tras preguntar por Chuzobo, averiguó que estaba con un amplio grupo de personas que se habían reunido para contemplar la salida de la luna y que, por lo tanto, poco podía hacerse. No quería perder tiempo y pensó que satisfaría sus deseos matar al padre, a Moan. En la casa de Moan, se abrió camino hasta los dormitorios, anunció su nombre y, cuando el hombre se incorporaba, lo apuñaló hasta matarlo. Cuando los vecinos acudieron a la carrera y lo rodearon, explicó la situación, arrojó ambas espadas y volvió a su casa. Las noticias lo precedieron hasta Saga, y un buen número de los feligreses de Denko salieron rápidamente para acompañarlo en su regreso.

El señor Mimasaka se sentía profundamente ultrajado, pero como Denko era el monje principal de un templo del clan Nabeshima, nada podía hacer. Finalmente, gracias a las gestiones de Nabeshima Toneri, envió un aviso a Tannen, el monje principal de Kodenji, que decía: «Cuando un monje ha matado a un hombre, debería sentenciársele a muerte». La respuesta de Tannen fue: «El castigo para un servidor de la religión se propinará de acuerdo con los sentimientos del Kodenji. Te ruego amablemente que no interfieras».

El señor Mimasaka se enfureció aún más y preguntó: «¿Qué clase de castigo será el dispensado?», a lo que Tannen repuso: «Aunque de nada te sirve saberlo, estás forzando la respuesta, así que te la daré. La ley [budista] manda que se le prive de sus túnicas y se expulse a un monje apóstata».

Las túnicas de Denko fueron confiscadas en el Kodenji, y cuando lo iban a expulsar, algunos novicios se equiparon con sus espadas largas y cortas y acudió un gran número de feligreses para apoyarlo, acompañándolo hasta el mismo Todoroki. Por el camino se cruzaron con varios hombres con aspecto de cazador que les preguntaron sin procedían de Taku. En lo sucesivo, Denko vivió en Chikuzen, fue bien recibido por todos y trabó lazos de amistad con los samuráis también. Esta historia se dio a conocer mucho, y se dice que lo trataron amablemente en todas partes.

武士道

El delito de Horie San'emon fue robar el almacén de Nabeshima, en Edo, y huir hacia otra provincia. Lo capturaron y confesó. Este fue el veredicto: «Por este grave crimen, debería ser torturado hasta la muerte», y ordenaron a Nakano Daigaku supervisar la ejecución. Antes, quemaron todo el vello de su cuerpo y le arrancaron las uñas. A continuación le cortaron los tendones, le perforaron el cuerpo con taladros y le sometieron a todo tipo de torturas. En el proceso ni siquiera parpadeó una vez, ni le cambió el rostro de color. Al final, le partieron la espalda, lo hirvieron en salsa de soja y lo doblaron hacia atrás.

武士道

En una ocasión, cuando Fukuchi Rokurouemon vivía en el castillo, el palanquín de lo que parecía una dama de alta cuna pasó delante de la mansión del señor Taku, y un hombre que había allí le hizo el saludo apropiado. Uno de los alabarderos que acompañaban la procesión del palanquín, sin embargo, le dijo: «No te has inclinado lo suficiente», y le golpeó en la cabeza con el asta de la alabarda. Cuando el hombre se llevó la mano a la cabeza, descubrió que estaba sangrando. Así y todo, se levantó y dijo: «Has cometido un acto ultrajante, a pesar de mi gesto de cortesía. Tanto peor para ti». Dicho lo cual, derribó al alabardero de un solo golpe. El palanquín prosiguió hacia cualquiera que fuese su destino, pero Rokurouemon tomó su propia lanza, se situó ante el hombre y dijo: «Guarda la espada. Dentro del recinto del castillo está prohibido pasear con una espada desenvainada». El otro repuso: «Lo que acaba de pasar era inevitable, y me han impelido las circunstancias. Tú también lo habrás visto, sin duda. Si bien me gustaría guardar la espada, me cuesta mucho, dado el tono de tus palabras. Es desagradable, pero estaré encantado de aceptar tu desafío».

Rokurouemon soltó inmediatamente la lanza y dijo cortésmente: «Tus palabras son razonables. Me llamo Fukuchi Rokurouemon. Daré fe de que tu conducta fue ciertamente admirable. Es más, te apoyaré aunque me cueste la vida. Ahora, guarda la espada».

«Será un placer», dijo el hombre, y envainó su acero. Cuando le preguntaron de dónde era, el hombre respondió que era siervo de Taku Nagato no-kami Yasuyori. Así, Rokurouemon lo acompañó y explicó las circunstancias. No obstante, al saber que la mujer del palanquín era la esposa de un noble, el señor Nagato ordenó a su siervo que cometiera *seppuku*.

Rokurouemon se adelantó y dijo: «He dado mi promesa de samurái, y si este hombre debe hacer *seppuku*, yo lo haré primero».

Se dice que el asunto se zanjó así sin mayor problema.

武士道

El señor Shima envió un mensajero a su padre, el señor Aki, que decía: «Me gustaría emprender un peregrinaje al santuario de Atago, en Kioto». El señor Aki preguntó: «¿Por qué razón?», y el mensajero respondió:

«Dado que Atago es el dios del tiro con arco, sus intenciones son hallar su bendición para la guerra».

El señor Aki se enfureció y replicó: «¡Eso no tiene ningún sentido! ¿Acaso la primera línea de Nabeshima debe rogar a Atago? Si la encarnación de Atago estuviese luchando en el bando enemigo, nuestras primeras líneas deberían cortarlo en dos de un solo tajo igualmente».

武士道

Dohaku vivía en Kurotsuchibaru. Su hijo se llamaba Gorobei. En una ocasión, cuando Gorobei transportaba un saco de arroz, un *ronin* del señor Kumashiro Sakyo, llamado Iwamura Kyunai, caminaba en sentido contrario. Ambos tenían asuntos pendientes por un enfrentamiento previo, y Gorobei golpeó a Kyunai con su saco de arroz, inició una discusión y lo arrojó a una zanja antes de volver a casa. Kyunai le lanzó una amenaza y volvió también a su casa, donde relató el suceso a su hermano mayor, Gen'emon. Ambos emprendieron la marcha hacia la casa de Gorobei para vengarse.

Cuando llegaron, la puerta estaba apenas un poco abierta, y Gorobei los esperaba dentro con la espada desenvainada. Ajeno a ello, Gen'emon entró y Gorobei lo recibió con un tajo desde un lado. Gravemente herido, Gen'emon utilizó su espada como bastón para salir a rastras de la casa. Entonces irrumpió Kyunai y golpeó a Katsuemon, el yerno de Dohaku, que estaba sentado junto al hogar. Rozó con la espada el gancho de colgar la olla y arrancó a Katsuemon la mitad de la cara. Entre Dohaku y su esposa quitaron la espada a Kyunai.

Kyunai se disculpó, y dijo: «Ya doy mi cometido por cumplido. Les ruego que me devuelvan mi espada, y acompañaré a mi hermano a casa». Pero cuando Dohaku se la entregó, Kyunai le hirió en la espalda, cortándole la mitad del cuello. Después volvió a cruzar espada con Gorobei y los dos salieron de la casa y combatieron igualados, hasta que Kyunai cortó un brazo a Gorobei.

Entonces, Kyunai, que también había sufrido muchas heridas, se echó al hombro a su hermano mayor, Gen'emon, y volvió a su casa. Pero Gen'emon murió por el camino.

Las heridas de Gorobei eran numerosas. Aunque se le contuvo la hemorragia, murió por haber bebido agua. La mujer de Dohaku perdió varios dedos. Dohaku tenía cortado el espinazo por el cuello, y como solo tenía intacta la garganta, le colgaba la cabeza hacia delante. Dohaku fue a ver al cirujano sujetándose la cabeza con las manos.

El cirujano le aplicó el siguiente tratamiento: en primer lugar, aplicó a la mandíbula de Dohaku una mezcla de resina de pino y aceite y se la ató con ramio. Después, le ató la coronilla a una viga con una cuerda, le cosió la herida y le enterró el cuerpo en arroz para que no pudiera moverse.

Dohaku no perdió el conocimiento en ningún momento, ni tampoco su actitud normal, ni siquiera tomó ginseng. Se dice que solo requirió de un poco de medicina estimulante al tercer día, cuando sufrió una hemorragia. Al final, se le soldaron los huesos y se recuperó sin problemas.

Cuando el señor Mitsushige contrajo la viruela en Shimonoseki, Ikushima Sakuan le dio una medicina. Era un ataque de viruela especialmente grave, y sus criados, de alta y baja clase, estaban bastante nerviosos. De repente, las pústulas ennegrecieron. Los que le cuidaban se desanimaron y avisaron en secreto a Sakuan, que acudió sin demora. Dijo: «Bien, debemos estar agradecidos. Las pústulas se están curando. Pronto debería haberse recuperado del todo y sin complicaciones. Lo garantizo». Al oír eso, los acompañantes del señor Mitsushige pensaron: «Sakuan parece un poco trastornado. La situación se vuelve aún más desesperada».

Sakuan rodeó entonces al enfermo de biombos, salió al cabo de un rato y administró al señor Mitsushige una dosis de medicina. Las pústulas del paciente sanaron rápidamente y se recuperó por completo. Sakuan confió más tarde a cierta persona: «Cuando administré al señor esa única dosis de medicina, había tomado la determinación de que, en vista de que lo estaba tratando sin ayuda, si no se recuperaba me rajaría el vientre y moriría con él».

Cuando Nakano Takumi estaba en su lecho de muerte, se reunieron todos los de su casa, y él les dijo: «Tenéis que comprender que la determinación de un siervo está sujeta a tres condiciones, que son la voluntad del señor, la vitalidad y la propia muerte».

武士道

En una ocasión, se habían reunido algunos hombres en la plataforma de la ciudadela interior del castillo, y uno le dijo a Uchida Shouemon: «Se dice que eres maestro del arte de la espada, pero a juzgar por tu actitud cotidiana, tus enseñanzas deben de ser de lo más heterodoxas. Me imagino que, si te pidieran que ejercieras como *kaishaku*, en vez de cortar el cuello, cortarías el cráneo de la víctima».

Shouemon replicó: «No es así. Mira, píntate un punto en el cuello con tinta y verás cómo corto sin desviarme ni un pelo».

武士道

Nagayama Rokurozaemon viajaba por la carretera de Tokaido y llegó a Hamamatsu. Pasando ante una posada, se presentó ante su palanquín un mendigo, que le dijo: «Soy un *ronin* de Echigo. No me queda dinero y me hallo en circunstancias apuradas. Ambos somos guerreros. Te ruego que me ayudes».

Rokurozaemon se enfadó y dijo: «Decir que ambos somos guerreros es una falta de cortesía. Yo, en tu lugar, me rajaría el vientre. ¡En vez de ir mendigando por los caminos para tu vergüenza, rájate el vientre aquí mismo!».

Se dice que el mendigo se marchó.

武士道

Makiguchi Yohei ejerció como *kaishaku* para muchos hombres. Cuando un tal Kanahara tuvo que practicarse el *seppuku*, Yohei accedió asistirle. Kanahara se clavó la espada en el vientre, pero cuando tuvo que hacer el tajo no pudo seguir. Yohei se acercó a su lado y gritó: «¡Eh!», y dio un pisotón en el suelo. Este impulso permitió a Kanahara rajarse el vientre. Se dice que, una vez cumplida su función, Yohei lloró y dijo: «Aunque fue un buen amigo mío...».

Contaba esta historia el señor Sukeemon.

Cuando cierta persona tuvo que practicar el *seppuku*, al cortarle la cabeza su *kaishaku*, esta quedó colgando un poco de la piel y no se separó del cuerpo por completo. El inspector oficial dijo: «Queda algo». El *kaishaku* se enfadó, cogió la cabeza y, cortándola del todo, la levantó a la altura de la vista, y dijo: «¡Mírala bien!». Se dice que aquello fue bastante espeluznante. Lo contaba el señor Sukeemon.

Antiguamente se daban casos en que la cabeza salía despedida. Se dijo que era mejor dejar un poco de piel al cortar para que no saliese despedida hacia los inspectores oficiales. Sin embargo, en la actualidad lo mejor es cortarla limpiamente.

Un hombre que había cortado cincuenta cabezas dijo una vez: «Según la cabeza, hay veces en que hasta el tronco del cuerpo te produce alguna impresión. Cuando llevas solo tres cabezas, no hay ninguna reacción al principio y puedes cortar bien. Pero cuando llegas a la cuarta o a la quinta, sientes bastante reacción. En cualquier caso, dada la importancia de esta cuestión, uno no cometerá errores si no piensa más que en hacer caer la cabeza».

Cuando el señor Nabeshima Tsunashige era niño, ascendieron a Iwamura Kuranosuke a la categoría de anciano. En cierta ocasión, Kuranosuke vio que el pequeño Tsunashige tenía delante unas monedas de oro, y preguntó al siervo que le atendía: «¿Por qué has puesto esas monedas delante del joven señor?». El siervo respondió: «El señor acaba de enterarse de que ha recibido un regalo. Dijo que todavía no lo había visto, de modo que lo traje». Kuranosuke reprendió al hombre severamente, diciéndole: «Poner estas cosas viles ante una persona importante es el colmo del descuido. Deberías saber que tampoco se deben poner delante del hijo del señor. Los siervos deberán tener mucho cuidado con estas cosas en lo sucesivo».

En otra ocasión, cuando el señor Tsunashige tenía unos veinte años, fue a la mansión de Naekiyama para asistir a una fiesta. Cuando el grupo se acercaba a la mansión, el señor Tsunashige pidió un bastón. Su portador de sandalias, Miura Jibuzaemon, cortó un palo y se dispuso a entregárselo a su joven señor. Al verlo, Kuranosuke se lo arrebató sin miramientos y le reprendió gravemente, diciéndole: «¿Es que quieres que nuestro joven señor se convierta en un perezoso? No se le debe dar un bastón aunque lo pida. Esto es un descuido por parte del siervo asistente».

Jibuzaemon fue ascendido más tarde a la categoría de *teakiyari* y Tsunetomo oyó esta anécdota de sus propios labios.

Capítulo 9
Cuando Shimomura Shoun…

Cuando Shimomura Shoun servía en el castillo del señor Naoshige, este dijo: «Qué maravilloso es que Katsushige tenga tanto vigor y fuerza para su edad. En la lucha contra sus oponentes es capaz de derrotar a los que son más grandes que el».

Shoun respondió: «Aunque sea un anciano, estoy seguro de que sigo siendo el mejor en lucha sentada». Dicho lo cual, inmovilizó a Katsushige y lo lanzó con tanta fuerza que le hizo daño.

Entonces dijo: «Enorgullecerse de tener fuerza antes de forjar el carácter, seguramente traerá humillación frente a los demás. Eres más débil de lo que pareces». Y, dicho esto, se retiró.

武士道

Cuando Matsuda Yohei era íntimo amigo de Ishii Jinku, aquel se peleó con Nozoe Jinbei. Yohei envió un mensaje a Jinbei que decía: «Por favor, ven a aclarar este asunto de una vez por todas». Los dos se dirigieron a la residencia Yamabushi, en Kihara, cruzaron el único puente que había y lo destruyeron. Una vez allí, y dadas las circunstancias de la discordia, las analizaron desde todos los puntos de vista y llegaron a la conclusión de que no había razón para enfrentarse. Pero cuando decidieron regresar, por supuesto, no había puente.

Mientras buscaban de una forma apropiada de cruzar el foso defensivo, los hombres a los que habían citado se aproximaban sigilosamente. Al verlos, Yohei y Jinbei dijeron: «Hemos cruzado el punto de no retorno, y es preferible que nos vean combatir a caer en la deshonra de aquí en adelante».

El combate duró bastante tiempo. Yohei, herido de gravedad, cayó entre dos campos de labranza. Jinbei también fue herido de gravedad, y como tenía los ojos llenos de sangre, no encontraba a Yohei. Mientras Jinbei lo buscaba a tientas, Yohei pudo prenderlo incluso estando en el suelo y por fin lo derrotó. Sin embargo, al tratar de rematarlo, ya sin fuerzas en las manos, decapitó a Jinbei empujando la espada con el pie.

En ese momento, llegaron los amigos de Yohei y se lo llevaron de vuelta a casa. Cuando sanaron sus heridas, le ordenaron que cometiese *seppuku*. Entonces llamó a su amigo Jinku para despedirse con un trago.

武士道

Okubo Toemon de Shioda administraba una taberna que era propiedad de Nabeshima Kenmotsu. El señor Okura, hijo de Nabeshima Kai no-kami, estaba inválido y jamás salía de su casa, situada en Mino. Acostumbraba recibir luchadores y le gustaba tratar con camorristas. Los luchadores solían visitar los pueblos vecinos y provocar alborotos. En una ocasión fueron a la taberna de Toemon, bebieron sake y sus insolencias finalmente acabaron provocando una discusión con Toemon. Él se enfrentó a ellos con una lanza, pero como los otros eran dos, lo mataron.

Su hijo, Kannosuke, tenía quince años y estaba estudiando en Jozeiji, cuando le informaron del incidente. Saliendo al galope, tomó una espada corta de aproximadamente cuarenta centímetros, peleó contra los dos hombretones y los mató enseguida. Aunque Kannosuke sufrió trece heridas, se recuperó. Después recibió el nombre de Doko, y se cuenta que se volvió muy hábil dando masajes.

武士道

Se cuenta que Tokunaga Kichizaemon no paraba de quejarse: «Soy tan viejo que aunque hubiera una batalla no sería capaz de hacer nada. Aun así, nada me placería más que morir penetrando al galope en las líneas enemigas. Sería muy deshonroso hacerlo en el lecho». Se dice que el monje Gyojaku escuchó esto cuando era aprendiz. El maestro de Gyojaku era el monje Yomon, hijo menor de Kichizaemon.

武士道

Cuando Sagara Kyuma fue ascendido a jefe de los siervos, le dijo a Nabeshima Heizaemon: «Por alguna razón, el señor me trata cada vez mejor, y ahora me ha pedido que ejerza un alto cargo. Al carecer de mi propio siervo, no podré llevar bien mis propios asuntos. Por este motivo te pido, por favor, que me cedas a tu siervo

Takase Jibusaemon». Heizaemon le escuchó y contestó: «Es un honor para mí que te hayas fijado en mi siervo y, por lo tanto, acepto tu petición».

Pero cuando comunicó a Jibusaemon la noticia, este dijo: «Responderé directamente al señor Kyuma». Fue a casa de Kyuma y tuvo una conversación con él. Le dijo: «Sé que es un gran honor que hayas pensado en mí para servirte, pero un siervo no puede cambiar de señor. Dada la altura de tu rango, si fuera tu siervo, viviría en la abundancia, pero esa abundancia sería vejatoria para mí. A pesar de que Heizaemon es de un rango inferior, y que vivimos de sopa de arroz barato, esta vida es, sin embargo, de lo más dulce para mí. Te ruego que reflexiones al respecto».

Kyuma quedó muy impresionado.

武 士 道

Cierto hombre fue de viaje y, al regresar a su casa en plena noche, encontró que un extraño había entrado a su casa y estaba cometiendo adulterio con su esposa. Mató al hombre. Posteriormente, rompió un tabique y cambió de sitio un saco de arroz y, así dispuestas las cosas, declaró ante las autoridades que había matado a un ladrón. Salió airoso de esta situación. Después de un tiempo se divorció de su esposa y así terminó el asunto.

武 士 道

Cuando cierta persona regresó a su casa tras un viaje, se encontró a su esposa cometiendo adulterio en su dormitorio con uno de sus siervos. Cuando se les acercó, el siervo escapó por la cocina. Entonces volvió al dormitorio y mató a su esposa.

Llamó a la criada, le explicó lo ocurrido y le dijo: «Debido a que esto puede traer deshonra a mis hijos, debo hacer que parezca una muerte por enfermedad, y necesitaré ayuda. Si te niegas, bien puedo matarte a ti también por encubrir este crimen».

Ella respondió: «Si me perdonas la vida, haré como que no sabía nada». La criada ordenó el dormitorio y vistió el cadáver con la ropa de dormir. Luego, tras enviar sucesivamente a dos o tres mensajeros a casa del médico avisando de que se había producido un repentino brote de enfermedad, enviaron a un último mensajero diciendo que ya era demasiado tarde y que ya no era necesario que viniera el médico. Llamaron al tío de la mujer y le explicaron lo de la enfermedad y lo convencieron. Todo pasó como una muerte por enfermedad, y al final nadie supo la verdad. Al siervo lo despidieron más tarde. Este suceso ocurrió en Edo.

武士道

El día de año nuevo del tercer año de Keicho, en un lugar en Corea llamado Yolsan, cuando el ejército de Ming se presentó en proporción de cientos de miles, las tropas japonesas quedaron atónitas y sin habla. El señor Naoshige dijo: «Vaya, vaya. ¡Son multitud! Me pregunto cuántos cientos de miles habrá».

Jin'emon dijo: «En Japón, cuando algo es incontable decimos: "Tantos como los pelos de un ternero de tres años". ¡Sí que debe de haber tantos como los pelos de un ternero de tres años!». Se cuenta que todos rieron y recuperaron el ánimo.

Más adelante, el señor Katsushige estaba cazando en el monte Shiroishi cuando le contó a Nakano Matabei lo siguiente: «A excepción de tu padre, que dijo lo que te he contado, nadie pronunció una sola palabra».

武士道

Nakano Jin'emon siempre solía decir: «Un hombre que ejerce la servidumbre cuando su señor lo trata con bondad no es un siervo. El que lo hace sometido al desprecio y la irracionalidad sí lo es. Ha de comprenderse bien este principio».

武士道

Cuando Yamamoto Jin'emon tenía ochenta años, cayó enfermo. En cierto momento parecía que iba a suspirar, y alguien le dijo: «Te sentirás mejor si suspiras. Adelante, hazlo». Pero él respondió: «No haré tal cosa. El nombre de Yamamoto Jin'emon es por todos conocido, y durante toda mi vida lo he llevado con honor. No estaría bien que mi gente me oyera suspirar en el último momento». Se dice que no soltó un solo suspiro hasta el mismísimo último momento.

武士道

Uno de los hijos de Mori Monbei tuvo una pelea y volvió a casa herido. Cuando Monbei le preguntó: «¿Qué le hiciste a tu adversario?», él respondió: «Lo maté».

Cuando Monbei preguntó: «¿Le diste el golpe de gracia?», su hijo respondió: «Por supuesto».

Entonces Monbei dijo: «Ciertamente lo has hecho muy bien, y no hay nada que lamentar. Ahora, aunque huyeras, tendrías que cometer *seppuku* de todos modos. Cuando estés más animado, hazlo, y, antes que morir a manos de otro, es mejor que lo hagas a las de tu padre». Poco después ejerció como el *kaishaku* de su propio hijo.

武士道

Uno de los integrantes del grupo de Aiura Genzaemon cometió un acto vil, y entonces el líder del grupo le entregó una nota donde le hacía saber que se le condenaba a muerte y que debía llevarla a casa de Genzaemon. Genzaemon leyó la nota y luego le dijo al hombre: «Aquí dice que debo matarte, así que lo haré en el lado oriental del foso. Eres ducho en el arte del manejo de la espada... Así pues, lucha con todo lo que sepas».

El hombre respondió: «Haré lo que dices» y los dos solos salieron de la casa. Anduvieron unos veinte metros por el borde del foso cuando un siervo de Genzaemon gritó: «¡Eh, eh!» desde el otro lado. Cuando Genzaemon se dio la vuelta vio que el condenado se disponía a atacarlo con su espada. Genzaemon lo esquivó retrocediendo, desenvainó y mató al hombre. Después volvió a su casa.

Guardó en un cofre las ropas que había vestido ese día, lo cerró con llave y nunca se las mostró a nadie en lo que le quedó de vida. Tras su muerte, examinaron las prendas y vieron que estaban rasgadas. Esta historia la relató el hijo de Genzaemon.

武士道

A Okubo Doko se le atribuyen las palabras: «Todos dicen que el mundo llegará a su fin sin que ningún maestro de las artes haga acto de presencia. Esto es algo que se escapa de mi entendimiento. Algunas plantas, como las peonías, azaleas y camelias, seguirán dando bellas flores termine o no el mundo. Si los hombres reflexionaran un poco al respecto, lo entenderían. Y si la gente observara a los maestros que hay incluso en nuestros tiempos, dirían que sí hay maestros de las diversas artes. Pero la gente está convencida de que el mundo llega a su fin y ya no se esfuerza. Es una pena. La culpa no es de los tiempos que corren».

武士道

Cuando Fukahori Magoroku aún vivía con su padre en calidad de segundo hijo mantenido, fue de cacería a Fukahori, y uno de sus siervos lo confundió con un jabalí entre las sombras de la maleza y le disparó con su rifle, hiriéndolo en la rodilla y causando que se precipitara desde una gran altura. El siervo, muy alterado, se desnudó la cintura y a punto estuvo de cometer *seppuku* cuando Magoroku le dijo: «Puedes atravesar tu estómago más tarde. No me siento bien, así que tráeme agua para que beba». El siervo salió corriendo y trajo agua a su señor, tranquilizándose por el camino. Después intentó volver a cometer *seppuku*, pero Magoroku lo detuvo con vehemencia. Cuando volvieron, después de dar la contraseña al centinela, Magoroku pidió a su padre, Kanzaemon, que perdonara a su siervo.

Kanzaemon dijo a este: «Fue un error inesperado, así que no te preocupes. No hay necesidad de acusar a nadie. Sigue con tu trabajo».

武士道

Un hombre llamado Takagi discutió con tres campesinos de su aldea y recibió una paliza en los campos de cultivo antes de regresar a su casa. Su esposa le dijo: «¿Te has olvidado cómo hay que morir?». «¡Por supuesto que no!», respondió él.

Su esposa entonces replicó: «En cualquier caso, solo se muere una vez. Con todas las maneras de morir que existen; de enfermedad, en combate, por *seppuku* o siendo decapitado, morir ignominiosamente sería una deshonra». Y la mujer salió de la casa. Volvió al cabo de un rato y, al caer la noche, llevó a la cama a sus dos hijos, preparó unas antorchas, se vistió para la batalla y le dijo a su esposo: «He salido a explorar antes el terreno y me ha parecido que los tres hombres estaban conversando. Este es el momento. ¡Vamos, deprisa!». Dicho esto, ambos salieron con antorchas y espadas cortas. El marido iba por delante. Irrumpieron en el lugar donde estaban sus rivales y los dispersaron a cuchilladas, matando a dos de ellos e hiriendo a otro. Posteriormente se ordenó al marido cometer *seppuku*.

Capítulo 10
Cierto siervo…

Cierto siervo que estaba al servicio de Ikeda Shingen tuvo una discusión con un hombre, lo tiró al suelo, lo vapuleó escandalosamente y lo pisoteó hasta que llegaron sus compañeros para separarlos. Los ancianos debatieron el asunto y decidieron: «El hombre que se dejó pisotear será castigado». Al escuchar esto, Shingen dijo: «Toda pelea debe mantenerse hasta el final. El hombre que olvida la Senda del samurái y no utiliza su espada será mal visto por los dioses y el propio Buda. Para dar ejemplo a los siervos que vengan detrás, ambos hombres deben ser crucificados». Los hombres que los separaron fueron desterrados.

武士道

En el decálogo militar de Yui Shosetsu conocido como *El camino de las tres esencias*, hay un pasaje que habla sobre la naturaleza del karma. El autor había recibido la enseñanza oral de unos dieciocho capítulos relativos al Valor Máximo y al Valor Mínimo. Nunca la escribió ni la aprendió de memoria, sino que más bien la olvidó por completo. Posteriormente, al enfrentarse a situaciones reales, se dejó guiar por sus propios impulsos, todo lo que había aprendido se convirtió en su propia sabiduría. Esta es la naturaleza del karma.

武士道

Ante situaciones difíciles, uno ha de untarse un poco de saliva en el lóbulo de la oreja e inhalar profundamente, de esa manera podremos superar cualquier obstáculo. Es una técnica secreta. Además, si se nos sube la sangre a la cabeza, se nos pasará enseguida si untamos la parte superior de la oreja con saliva.

武士道

Tzu Ch'an se encontraba en su lecho de muerte cuando alguien le preguntó que cómo debía gobernarse el país. Él contestó: «No hay nada mejor que gobernar con benevolencia. Resulta difícil, sin embargo, aplicar la benevolencia en tal cometido. El gobierno con extrema suavidad deriva en negligencia. Cuando el gobierno benevolente se torne complicado, lo mejor será gobernar con severidad. Un gobierno severo implica ser inflexibles ante las situaciones que surjan y hacer las cosas de tal manera que no afloren los males. Ser severos cuando el mal ya ha florecido es como poner una trampa. Los que se han quemado una vez suelen acercarse al fuego con más cuidado. Quien no tiene respeto al agua, acaba ahogándose».

Alguien dijo: «Conozco la forma de la Razón y la de la Mujer». Cuando le pidieron que lo detallara dijo: «La Razón es cuadrada y no se moverá ni siquiera en las situaciones más difíciles. La Mujer es redonda. Puede decirse que no discierne la diferencia entre el bien y el mal, y no deja de girar de un lado a otro».

El significado básico de la etiqueta consiste en ser veloces al principio y al final y estar tranquilos en el medio. Cuando Mitani Chizaemon escuchó esto dijo: «Es, precisamente, como ejercer de *kaishaku*».

Fukae Angen acompañó a un conocido suyo de visita al monje Tesshu de Osaka, y, estando a solas le dijo al monje: «Este hombre aspira a estudiar Budismo y alberga la esperanza de recibir tus enseñanzas. Es un hombre muy resuelto».

Al poco de la entrevista, el monje dijo: «Angen es un hombre que hace daño a los demás. Me aseguró que era un buen hombre, pero ¿dónde está su bondad?». A ojos de Tesshu, no había en él rastro de bondad alguna. No es bueno ensalzar a las personas con descuido. Tanto los sabios como los necios se vuelven arrogantes cuando reciben alabanzas. Alabar es dañar.

Cuando Hotta Haga no-kami Masamori era paje del sogún, era tan obstinado que el sogún quiso someterlo a una prueba para conocer lo que había en lo más profundo de su corazón. Para ello, calentó al rojo vivo unas tenazas y las colocó sobre un brasero. Masamori acostumbraba a rodear el brasero, tomar las tenazas y recibir a su señor. Esta vez, en cuanto tomó las tenazas desprevenidamente, se quemó las manos. Sin embargo, hizo la reverencia sin inmutarse y el sogún se las quitó rápidamente de las manos.

武士道

Cierta persona dijo: «Cuando se va a rendir un castillo, en tanto queden dentro uno o dos hombres decididos a resistir, no habrá unanimidad entre los defensores, y al final nadie defenderá el castillo. Cuando se adelanta el líder de los atacantes para que le entreguen el castillo, si hombres que están dispuestos a no rendirse le disparan desde las sombras, el otro se alarmará y estallará la batalla. En tal caso, habrá que tomar el castillo por la fuerza, aunque sea a disgusto. Esto es lo que llaman verse obligado por los defensores a asediar un castillo».

武士道

El monje budista Ryozan escribió algunos comentarios sobre las batallas del señor Takanobu. Otro monje lo vio y lo criticó diciendo: «Es inapropiado que un monje escriba sobre un comandante militar. Por bueno que sea su estilo como escritor, si no está familiarizado con los asuntos militares, puede interpretar mal las opiniones de un general famoso. Legar a generaciones postreras ideas falsas sobre un general famoso es una falta de respeto».

武士道

Alguien dijo: «En el mausoleo del santo hay un poema escrito que dice así: "Al que sigue desde el corazón el camino de la sinceridad, ¿no lo protegerán acaso los dioses aunque no rece?". ¿Qué es el camino de la sinceridad?».

Un hombre respondió a eso diciendo: «Al parecer, te gusta la poesía. Así que te responderé con otro poema: "Como todo en el mundo es deshonra, la única sinceridad es la muerte. Se dice que el camino de la sinceridad consiste en vivir la vida diaria como si estuviésemos muertos"».

武士道

Se dice que si das un corte en una cara longitudinalmente, orinas encima y la pisas con sandalias de paja, se le desprenderá la piel. Esto lo escuchó el monje Gyojaku cuando estaba en Kioto. Es algo que merece recordarse.

武士道

Uno de los siervos de Matsudaira Sagami no-kami viajó a Kioto para encargarse de cobrar unas deudas y alquiló una habitación en una casa de la ciudad para alojarse. Un día, estando en la puerta de la casa viendo pasar a la gente, oyó a un transeúnte decir: «Dicen que los hombres del señor Matsudaira están metidos en una pelea ahora mismo». El siervo pensó: «Me inquieta que mis compañeros tengan una pelea. Han venido algunos para relevar a los que están en Edo. Quizá sean ellos». Preguntó al transeúnte dónde era la pelea, pero cuando llegó allí, sin aliento, ya habían abatido a sus compañeros, y sus rivales estaban a punto de rematarlos. Soltó un grito, mató a los dos hombres y regresó a su alojamiento.

El hecho llegó a oídos de un oficial del shogunato que mandó llamar al siervo para interrogarlo. «Fuiste a prestar auxilio a tus compañeros en su pelea, pero desobedeciste la ordenanza del gobierno. ¿Admites que es una verdad fuera de toda duda?».

El hombre respondió: «Soy persona de campo y me cuesta entender lo que dice su señoría. ¿Sería tan amable de repetirlo?».

El oficial entró en cólera y dijo: «¿Es que tienes un problema en los oídos? ¿Te enzarzaste en una pelea, derramaste sangre y desobedeciste la ordenanza gubernamental, quebrantando la ley».

Entonces el hombre respondió: «Ya comprendo lo que me dice. Si bien afirma que he quebrantado la ley y he desobedecido la ordenanza gubernamental, de ninguna manera eso es cierto. La razón de ello es que todas las criaturas vivas valoran su vida, y más aún si son seres humanos. Yo valoro la mía especialmente. Sin embargo, considero que oír que unos amigos están implicados en una pelea y pretender no haber oído nada va en contra de la Senda del samurái, razón por la que corrí al lugar. Si hubiera vuelto a mi casa con toda desvergüenza después de ver cómo mataban a mis amigos, seguramente habría vivido más años, pero eso también habría supuesto una transgresión de la Senda. Para seguirla, hay que dar la vida, con todo el valor que conlleva. Así pues, para seguir la Senda del samurái, y no transgredir las ordenanzas de los samuráis, no dudé en dar la vida en ese lugar. Le ruego que me ejecute inmediatamente».

El oficial quedó impresionado, indultó al hombre y comunicó al señor Matsudaira: «Cuenta usted con un samurái muy capacitado a su servicio. Cuídelo como es debido».

武士道

Este es uno de los dichos del monje Bankei: «No apoyarse en las fuerzas de otro ni confiar en las propias; desprenderse de los pensamientos pasados y futuros y no vivir en la mentalidad cotidiana… Así surgirá ante tus ojos la Gran Senda».

武士道

El árbol genealógico del señor Soma, llamado *Chiken Marokashi*, era el mejor de Japón. Una vez se declaró un incendio, y su mansión ardió hasta los cimientos. Entonces, el señor Soma dijo: «No me importan la casa ni los muebles, aunque se queme todo, ya que son objetos que se pueden sustituir más adelante. Lo único que lamento es no haber podido salvar el árbol genealógico, que es el tesoro más preciado de mi familia».

Uno de sus samuráis dijo: «Iré a sacarlo».

El señor Soma y los demás se rieron, y aquel dijo: «La casa ya está envuelta en llamas, ¿cómo piensas sacarlo?».

Aquel hombre nunca había sido muy locuaz ni había destacado por sus servicios, pero lo habían aceptado como asistente porque terminaba todo lo que empezaba. Entonces, dijo: «No he sido especialmente útil a mi señor por culpa de mi naturaleza descuidada, pero he vivido con la determinación de que mi vida le resultase útil algún día. Parece que ese día ha llegado». Y saltó a las llamas. Cuando se extinguió el incendio, el señor ordenó: «¡Buscad sus restos! ¡Qué lástima!».

Tras rebuscar por todas partes, hallaron el cadáver calcinado en el jardín contiguo a la residencia. Cuando lo giraron le salió sangre del vientre. El hombre se había abierto el vientre para guardarse dentro el árbol genealógico, que no había sufrido ningún desperfecto. Desde entonces lo llamaron «La genealogía de sangre».

武士道

Según ciertas enseñanzas: «Dentro de la tradición del *I Ching*, es un error suponer que sirve para la adivinación. Su esencia nada tiene que ver con ello. Esto se aprecia en el hecho de que el ideograma chino "I" se interpreta como "cambio". Aunque uno adivine la buena suerte, si obra mal se tornará en mala. Y si adivina mala suerte, se convertirá en buena si hace el bien. El dicho de Confucio: "Si me aplico muchos años a la labor y acabo por aprender el cambio (I), no cometeré grandes errores", no se refiere al estudio del *I Ching*. Significa que si se estudia la esencia del cambio y se sigue durante muchos años la Senda del Bien, no se cometerán errores».

Hirano Gonbei fue uno de los Hombres de las Siete Lanzas que atacaron la colina en la batalla de Shizugadake. Tras la batalla, se le ofreció uno de los cargos de *hatamoto** del señor Ieyasu. En cierta ocasión, durante una visita en casa del señor Hosokawa, este dijo: «El valor del señor Gonbei es bien conocido en Japón. Es una verdadera lástima que un hombre tan valeroso ocupe un cargo tan bajo como el que ejerces ahora. No creo que te satisfaga. Si quisieras ser mi siervo, te daría la mitad de mis dominios».

Gonbei no respondió, sino que se levantó de pronto de su asiento, salió a la galería, se puso cara a la pared de la casa y orinó. Luego dijo: «Si yo fuera guerrero del señor, estaría mal visto que orinara aquí dentro».

武士道

Cuando el monje Daiyu, de Sanshu, fue a visitar a un enfermo a su casa, le dijeron: «Acaba de morir». El monje Daiyu dijo: «No debería haber muerto todavía. ¿No habrá sido por un descuido del médico? ¡Es lamentable!».

Resultó que el médico responsable estaba presente y oyó estas palabras desde el otro lado del *shoji***. Salió muy enfadado, y dijo: «He oído decir a su señoría que el hombre ha muerto por un descuido del médico. Es posible, dado que soy un médico muy torpe. He oído decir que los monjes budistas encarnan el poder de la ley de

---

* Se trata de un cargo de vasallaje directamente dependiente del sogún (*N. del T.*).

** Puerta deslizante de papel (*N. del T.*).

Buda. Hágame su señoría una demostración devolviendo a la vida a este hombre, pues, sin tales pruebas, el Budismo no vale nada».

Daiyu se quedó desconcertado, pero le pareció imperdonable que un médico ensombreciera el Budismo de tal guisa, y dijo: «Te demostraré, en efecto, cómo se le devuelve la vida por medio de la oración. Por favor, espera un momento. Debo ir a prepararme», y regresó al templo. Volvió al poco tiempo y se sentó a meditar junto al cadáver. Poco después, el muerto empezó a respirar y, finalmente, resucitó del todo. Se dice que vivió medio año más. Esto lo oyó de primera mano el monje Tannen, de modo que no ha lugar el error.

Daiyu explicó su forma de orar del siguiente modo: «Yo no conocía ninguna oración apropiada, ya que en nuestra secta no se realizan estas prácticas. Me limité a enfocar mi corazón hacia la ley budista, volví al templo, afilé una espada corta que alguien había dejado allí como ofrenda, y me la guardé en la túnica. Después, me senté ante el muerto y oré diciendo: "Si existe la fuerza del la ley budista, vuelve a la vida ahora mismo". Dado mi compromiso, había tomado la resolución de abrirme el vientre y morir abrazado al cadáver si no volvía a la vida».

武士道

Cuando Yamamoto Gorozaemon acudió al monje Tetsugyu, de Edo, para que le diera algunas lecciones de Budismo, Tetsugyu le dijo: «El Budismo consiste en liberarse de la mente discerniente. No es más que eso. Te puedo dar un ejemplo desde el punto de vista del guerrero.

El ideograma chino que significa "cobardía" [憶] se compone del ideograma de "significado" [意] con el radical de "mente" [忄]. Pues bien, "significado" es "discernimiento", y cuando un hombre actúa impulsado desde dentro con discernimiento, se vuelve cobarde. ¿En la Senda del samurái, acaso puede ser valeroso un hombre cuando surge el discernimiento? Supongo que entiendes la idea».

武士道

Según dijo un anciano, el guerrero que derrota a un enemigo en el campo de batalla es como el halcón que caza a un pajarillo. Aunque se adentre en una bandada de mil pájaros, centra toda su atención en el que había elegido desde el primer momento.

Más aún, llamamos *tezuke no kubi* a la cabeza de un enemigo al que se vence después de declarar: «Voy a vencer al guerrero ataviado con tal o cual armadura».

武士道

En el *Koyogunkan**, un personaje dijo: «Cuando me enfrento a un enemigo, es como si me adentrase en las tinieblas. Por eso sufro graves heridas. Tú has luchado con muchos guerreros famosos y no te han herido nunca. ¿Dime por qué?».

El otro personaje respondió: «Cuando estoy frente al enemigo, es como si estuviera en las tinieblas, por supuesto.

---

* Es un registro de hazañas militares del clan Takeda (*N. del T.*).

Pero si apaciguo entonces mi mente, es como una noche iluminada por una luna pálida. Si ataco desde esa mentalidad, tengo la sensación de que no sufriré heridas». Así son las cosas a la hora de la verdad.

武士道

Cuando se dispara una bala de mosquete en la superficie del agua, rebota. Se dice que si se hace una muesca en la bala con un cuchillo o con los dientes, penetrará en el agua. Además, cuando el señor sale a cazar o a realizar cualquier actividad similar, conviene marcar las propias balas para determinar responsabilidades en caso de accidente.

武士道

Una vez, cuando los señores Owari, Kii y Mito tenían unos diez años, el señor Ieyasu estaba con ellos en el jardín y derribó un gran avispero. Salieron muchas avispas, y los señores Owari y Kii se asustaron y salieron corriendo. Pero el señor Mito se quitó las avispas que tenía en la cara, las tiró una a una y no huyó.

En otra ocasión, el señor Ieyasu estaba asando un montón de castañas en una sartén e invitó a los niños a que se unieran a él. Cuando las castañas se calentaron, empezaron a estallar a la vez. Dos de los niños se asustaron y se alejaron. Sin embargo, el señor Mito no se asustó en absoluto, cogió las que habían saltado y volvió a echarlas a la sartén.

Para estudiar medicina, Eguchi Toan fue a la casa del anciano Yoshida Ichian, en la zona de Bancho, en Edo. Había por entonces en el barrio un maestro espadachín, a cuyas clases Toan asistía de vez en cuando. Había un alumno, que era *ronin*, que se despidió un día de Toan, diciendo: «Ahora voy a cumplir un viejo deseo que he albergado desde hace muchos años. Si te lo digo es porque siempre te has portado conmigo como un amigo». Y se marchó. Esto inquietó a Toan, que lo siguió, y se topó por el camino con un hombre que llevaba un sombrero de paja trenzada.

El maestro espadachín caminaba a seis u ocho metros por delante del *ronin*, y cuando se cruzó con el hombre del sombrero las vainas de sus respectivas espadas chocaron con fuerza. Cuando el hombre volvió la vista, el *ronin* le arrojó el sombrero al suelo de un golpe y gritó que quería venganza. Aprovechando la confusión que distrajo al hombre, no tuvo dificultades para matarlo. De las mansiones y casas próximas surgieron grandes aclamaciones. Se dice que incluso hicieron una colecta a su favor. Esta era una de las anécdotas favoritas de Toan.

武士道

Una vez, cuando el monje Ungo de Matsushima atravesaba las montañas de noche, lo emboscaron unos bandidos. Ungo dijo: «Soy un oriundo de esta región, no un peregrino. No llevo ningún dinero, pero podéis quedaros con estas ropas si así lo deseáis. Pero, por favor, perdonadme la vida».

Los bandidos respondieron: «Nuestro esfuerzo ha sido en vano. No necesitamos ropa», y siguieron su camino.

Tras recorrer unos doscientos metros de distancia, Ungo se dio la vuelta y les dijo: «He quebrantado el mandamiento que prohíbe mentir. Olvidé, en mi confusión, que llevaba una moneda de plata en el monedero. Lamento sobremanera haber dicho que no llevaba nada. Aquí está, tomadla, por favor». Los bandidos de las montañas se quedaron muy impresionados, se cortaron el pelo ahí mismo y se convirtieron en sus discípulos.

武士道

En Edo, una noche se reunieron cuatro o cinco *hatamotos* para jugar una partida de *go*. En un momento dado, uno de ellos se levantó para ir a hacer sus necesidades, y durante su ausencia estalló una disputa. Uno de ellos recibió una cuchillada, se apagaron las luces y reinó la confusión. Cuando el hombre volvió corriendo, gritó: «¡Todos tranquilos! Aquí no ha pasado nada. Volved a encender las luces y dejad que yo me encargue de esto». Cuando volvieron a encenderse las luces y todos recuperaron la calma, el hombre cortó de pronto la cabeza al otro implicado en la pelea. Después dijo: «Para mi desgracia como samurái, no he podido estar presente en la pelea. Si esto se interpretara como un acto de cobardía, me ordenarían practicar el *seppuku*. Y aunque no fuera el caso, no tendría excusa si me acusaran de haber huido al excusado, y no me quedaría más recurso que el *seppuku*. Si he hecho esto es porque prefiero morir habiendo matado a un rival que por haber caído en la estéril deshonra». Cuando el sogún se enteró de esto, transmitió sus elogios a ese hombre.

武士道

Diez masajistas ciegos viajaban juntos por las montañas, y cuando tuvieron que bordear un precipicio empezaron a andar con mucha cautela. Les temblaban las piernas
y les dominó el pánico. Entonces, el que iba por delante
tropezó y se cayó por el precipicio. Los que quedaron,
gritaron todos: «¡Ay, ay! ¡Qué pena!». Sin embargo, el ma-
sajista que había caído gritó desde el fondo del precipicio:
«No temáis. La caída no ha sido nada. Ahora estoy más
tranquilo. Antes de caer solo pensaba: "¿Qué haré si me
caigo?", y mi angustia no conocía límites. Pero ahora ya
estoy tranquilo. ¡Si queréis tranquilizaros también, arro-
jaos enseguida!».

武士道

Hojo Awa no-kami reunió una vez a sus discípulos de
artes marciales e hizo venir a un fisonomista que, por aquel
entonces, gozaba de cierto renombre en Edo para que dic-
taminara si eran valientes o cobardes. Hizo que el hombre
los inspeccionara de uno en uno, diciéndoles: «Si te declara valiente, tendrás que esforzarte aún más. Si te declara
cobarde, tendrás que esforzarte hasta entregar la vida. Eso
es algo con lo que se nace y no hay de qué avergonzarse».

Hirose Denzaemon tenía entonces doce o trece años.
Cuando se sentó ante el fisonomista, le dijo con voz áspe-
ra: «¡Si me declaras cobarde, te mataré de un solo tajo!».

Cuando hay algo que decir, lo mejor es decirlo enseguida. Si se dice más tarde, parecerá una excusa. Es más, a veces es bueno abrumar a tu adversario. Si además de decir lo suficiente, enseñas a tu adversario algo que le beneficie, habrás alcanzado la mayor de las victorias. Este principio se ciñe a la Senda.

武士道

El monje Ryoi dijo: «A los samuráis de antaño les aterraba la idea de morir en la cama; su mayor deseo era hacerlo en el campo de batalla. Igualmente, el monje será incapaz de seguir la Senda a menos que cuente con esta misma determinación. El hombre que se recluye y evita el trato con los demás es un cobarde. Solo los malos pensamientos conducen a la conclusión de que se puede hacer algún bien recluyéndose. Pues, aunque ese hombre obtenga algún logro mediante la reclusión, no podrá abrir el camino para las generaciones posteriores mediante la transmisión de las tradiciones del clan».

武士道

Amari Bizen no-kami, siervo de Takeda Shingen, murió en combate, y su hijo Tozo, de dieciocho años, pasó a ocupar el cargo de su padre como guerrero de caballería adjunto a un general. Una vez, un hombre de su destacamento sufrió una herida grave y, como no se le cortaba la hemorragia, Tozo le ordenó que bebiera estiércol de caballo rucio mezclado con agua. El herido dijo: «Le tengo aprecio a mi vida. ¿Cómo voy a beber estiércol de caballo?». Tozo lo oyó, y dijo: «¡Qué guerrero más valeroso! Lo que dices es razonable. Pero el significado esencial de la lealtad consiste en que conservemos la vida y sirvamos a nuestro señor la victoria desde el campo de batalla. Beberé yo, pues». Y bebió un poco de la medicina y entregó a continuación el cuenco al hombre, que se la bebió, agradecido, y se recuperó.

Capítulo 11
En *Las notas sobre las leyes marciales*...

En *Las notas sobre leyes marciales* está escrito: «La frase "Gana primero, lucha después" puede resumirse en tres palabras: "Gana de antemano". El ingenio en tiempos de paz es la preparación militar para los tiempos de guerra. Con quinientos aliados se puede vencer a una fuerza enemiga de diez mil.

» Cuando se ataca el castillo de un enemigo y hay que retirarse, no hay que hacerlo por el camino principal, sino por los secundarios.

» Debemos disponer los aliados muertos y heridos boca abajo, en dirección al enemigo.

» La actitud del guerrero debe impulsarle a estar en la vanguardia durante el ataque y en la retaguardia durante la retirada. En su aproximación para el ataque, no ha de olvidar aguardar el momento adecuado. Al aguardar al momento adecuado, nunca olvidará el ataque».

武士道

Se suele pensar que un yelmo es demasiado pesado, pero cuando atacamos un castillo, o cualquier estructura similar, y se nos arrojan flechas, balas, piedras y grandes pedazos de madera, ya no nos molestará tanto.

武士道

En una ocasión, cuando el señor Yagyu estaba en una audiencia con el sogún, del techo cayeron varias espadas de bambú. Levantó rápidamente las manos y las unió sobre su cabeza, de modo que no sufrió ningún daño.

En otra ocasión que fue convocado, el sogún le esperaba escondido, armado con una espada de bambú, dispuesto a atacarle. El señor Yagyu dijo en voz alta: «Esto es para mejorar tu disciplina. ¡No mires!». Cuando el sogún se dio la vuelta, el señor Yagyu dio un paso y le arrebató la espada de las manos.

武士道

Ningún hombre que no quiera recibir los flechazos del enemigo gozará de protección divina. No obstante, quien no desee ser derribado por la flecha de un soldado raso, sino por la de un guerrero famoso, obtendrá lo que desea de los dioses.

武士道

Las campanillas de viento se usan durante las campañas militares para conocer la dirección del viento. Durante los ataques nocturnos, puede prenderse fuego en dirección al viento, mientras el ataque puede realizarse desde el lado opuesto. Nuestros aliados también deberán ser conscientes de esto. Siempre hay que colgar campanillas de viento para saber por dónde sopla.

武士道

El señor Aki declaró que no permitiría que sus descendientes aprendieran las tácticas militares. Dijo: «En el campo de batalla, si empezamos a ser prudentes, nunca podremos dejar de serlo. Con prudencia no se atraviesan las líneas enemigas. Cuando estamos ante el cubil del tigre, lo más aconsejable es la imprudencia. Por lo tanto, si estamos informados de las tácticas militares, albergaremos muchas dudas que nunca desaparecerán. Mis descendientes no practicarán las tácticas militares».

武士道

Según las palabras del señor Naoshige: «Hay una cosa a la que todo joven samurái debería prestar atención. Durante los tiempos de paz, cuando escuchamos anécdotas sobre la guerra, nunca debemos decir: "¿Qué habría que hacer ante tal situación?". Tales palabras están fuera de lugar. ¿Cómo quiere triunfar en la batalla un hombre que alberga dudas en su propia habitación? Hay un dicho que reza: "Sean cuales sean las circunstancias, la mentalidad del guerrero siempre ha de estar puesta en la victoria. Debemos ser los primeros en levantar la lanza para golpear con ella". Aunque hayas decidido poner en peligro tu vida, nada podrá hacerse cuando la situación no salga según lo previsto».

武士道

Takeda Shingen dijo en una ocasión: «Si existiese un hombre capaz de matar al señor Ieyasu, le daría una generosa recompensa». Al oírlo, un niño de trece años se puso al servicio del señor Ieyasu y, una noche, cuando comprobó que el señor se había retirado, entró en su dormitorio con un puñal. El señor Ieyasu estaba en realidad en la estancia contigua, leyendo en silencio un sutra, pero acudió enseguida y no le costó inmovilizar al muchacho.

Durante la investigación, el chico relató los hechos con honestidad, y el señor Ieyasu dijo: «Parecías un joven excelente, y acepté tus servicios en términos amistosos. Sin embargo, ahora me siento más impresionado si cabe». Lo envió de vuelta con Shingen.

Una noche, varios samuráis de Karatsu se reunieron para jugar unas partidas de *go*. El señor Kitabatake estaba observando la partida, y al ofrecer una sugerencia, uno de los hombres le atacó con su espada. Cuando los demás lo redujeron, el señor Kitabatake apagó la luz de la vela y dijo: «La culpa es mía por mi indiscreción. Pido disculpas. La espada ha golpeado en la caja de *go*; no he sufrido herida alguna».

Entonces alguien volvió a encender la vela, pero cuando el hombre se le acercó para reconciliarse y ofrecerle un cuenco de sake, Kitabatake lo decapitó de un tajo. Entonces dijo: «Dada la herida en mi muslo, no hubiera sido capaz de ofrecer ninguna resistencia, pero al vendarla con mi abrigo y sosteniéndome en el tablero de *go*, he logrado lo que veis». Dicho esto, murió.

No hay nada tan doloroso como el arrepentimiento. Todos desearíamos estar libres de él. Sin embargo, cuando estamos muy contentos y alcanzamos el regocijo, o cuando abordamos habitualmente algún asunto de manera irreflexiva, más tarde sobreviene la angustia, y esto se debe mayoritariamente a que no hemos pensado en las consecuencias y sentimos arrepentimiento. Ciertamente hemos de intentar evitar el abatimiento, y en los momentos de excesiva felicidad calmar la mente.

武士道

Estas son las enseñanzas de Yamamoto Jin'emon:

- La perseverancia es todopoderosa.

- Ata al pollo aun cuando esté asado.

- No dejes de espolear al caballo que galopa.

- El hombre que te critique abiertamente no alberga segundas intenciones.

- Un hombre perdura durante una generación, pero su nombre lo hace hasta el fin de los tiempos.

- El dinero es algo que estará disponible cuando lo pidamos. No es tan fácil encontrar a un hombre bueno.

- Pasea con un hombre de verdad al menos cien metros y te contará por lo menos siete mentiras.

- Preguntar lo que ya sabes es cortés. Preguntar lo que no sabes es la norma.

- Envuelve tus intenciones en agujas de pino.

- No debemos abrir la boca en demasía cuando bostezamos delante de otros. Mejor hacerlo detrás del abanico o la manga.

- Hay que llevar el sombrero de paja inclinado hacia delante.

武士道

Uno de los principios del arte de la guerra establece que debemos limitarnos a rendir nuestra vida y atacar sin más. Si nuestro adversario hace lo mismo, el combate estará equilibrado. A partir de ahí, la derrota del adversario se reduce a una cuestión de fe y destino.

No debemos enseñar nuestro dormitorio a los demás. El momento del sueño más profundo y el amanecer son muy importantes. Hemos de tener esto en cuenta. Esto se desprende de una anécdota de Nagahama Inosuke.

武士道

Cuando partimos al frente, debemos llevar arroz en una bolsa. Nuestra ropa interior ha de estar hecha con piel de tejón. De esta manera, no contraeremos piojos. En las campañas prolongadas, los piojos suponen un gran problema.

Al enfrentarnos con nuestro enemigo, existe una manera para determinar su fuerza. Si lleva la cabeza inclinada hacia abajo, la sombra le conferirá fuerza. Si mira hacia arriba, la claridad le hará parecer débil. Esto se desprende de una anécdota de Natsume Toneri.

武士道

Si un guerrero está demasiado preocupado por cosas como la vida y la muerte, no será de ninguna utilidad. El dicho: «Todas las destrezas proceden de la mente» da la impresión de que tiene que ver con los sentimientos, pero en realidad se trata del desapego hacia la vida y la muerte. Gracias a ese desapego, podremos lograr cualquier proeza. Las artes marciales y demás disciplinas comparables tienen que ver con esto en tanto en cuanto conducen hacia la Senda.

武士道

Para calmar la mente, hay que tragar saliva. Esto es un secreto. Cuando nos enfadamos, debemos hacer lo mismo. Untar la frente con saliva también es bueno. En la escuela de arqueros de Yoshida, el secreto de su arte consiste en tragar la propia saliva.

武士道

Cierto general dijo: «Los soldados que no sean generales, si quieren poner a prueba su armadura, deberían hacerlo solo por la parte frontal. Además, si bien la ornamentación es innecesaria en las armaduras, hay que tener mucho cuidado con el aspecto del yelmo. Es la pieza que acompañará su cabeza hasta el campamento enemigo».

武士道

Nakano Jin'emon dijo: «El aprendizaje de cosas como las tácticas militares es algo inútil. Si no nos limitamos a atacar cerrando los ojos y lanzándonos contra el enemigo, aunque sea un solo paso, no seremos de ninguna utilidad». De esta misma opinión era Iyanaga Sasuke.

武士道

En los *Relatos militares* de Natsume Toneri, se puede leer: «¡Mira los soldados de nuestros tiempos! Incluso en las batallas más prolongadas, difícilmente encontramos una o dos ocasiones en las que la sangre es lavada con sangre. No debemos ser descuidados». Toneri era un *ronin* de la provincia de Kamigata.

武士道

La colocación del cadalso en un lugar por donde los viajeros vayan de paso es inútil. Las ejecuciones en las provincias de Edo y Kamigata pretenden ser un ejemplo para todo el país. Pero las ejecuciones provinciales solo pretenden ser ejemplares localmente. Si los crímenes son numerosos, la deshonra es para la provincia. ¿Qué pensarán de ello las demás provincias?

Con el paso del tiempo, el criminal olvidará las razones que le llevaron a delinquir; lo mejor es ejecutarlo en el acto.

武士道

Matsudaira Izu no-kami dijo al señor Mizumo Kenmotsu: «Eres una persona de gran valía, es una pena que seas tan bajo».

Kenmotsu replicó: «Es verdad. En este mundo, a veces las cosas no son como uno quisiera. Eso sí, si te cortara la cabeza y la pusiera bajo la suela de mi zapato, seguramente parecería más alto. Pero eso es algo que no puede hacerse».

武士道

Alguien estaba de paso por la población de Yae cuando, de repente, le entraron dolores de estómago. Se metió en un callejón y llamó a la puerta de una casa, preguntando si podía utilizar el retrete. Dentro solo había una joven, pero le dejó entrar y le enseñó el retrete, en la parte de atrás. Justo cuando se estaba quitando el *hakama* para desahogarse, el marido de la mujer llegó y los acusó a ambos de adulterio. Al final, el asunto trascendió públicamente.

El caso llegó a oídos del señor Naoshige, quien dijo: «Aunque no sea un acto de adulterio, puede considerarse como tal cuando uno se quita el *hakama* sin titubeos en un lugar donde hay una mujer sola, y en el caso de esta, permitir que un extraño se desvista en ausencia de su marido».

Se dice que ambos fueron condenados a muerte por esto.

武士道

Cuando evaluamos el castillo de un enemigo, hay un dicho que reza: «El humo y la bruma son como contemplar una montaña en primavera. Pasada la lluvia, es como ver un día despejado». La claridad perfecta conlleva debilidad.

武士道

Entre las palabras pronunciadas por grandes generales, algunas fueron dichas improvisadamente. Aun así, debemos aceptarlas de igual manera.

武士道

Las personas que presentan un aspecto inteligente no destacarán aunque hagan algo bien, y si lo que hacen es normal, la gente pensará que se han quedado cortas. Pero si alguien considerado cordial en su disposición hace algo mínimamente bien, recibirá los elogios de los demás.

武士道

En el decimocuarto día del séptimo mes del tercer año de Shotoku, unos cocineros se hallaban en medio de los preparativos para el festival de Bon, en la ciudadela exterior del castillo. Uno de ellos, Hara Jurozaemon, desenvainó su espada y decapitó a Sagara Genzaemon. Matawari Rokuuemon, Aiura Tarobei, Koga Kinbei y Kakihara Riemon salieron despavoridos en medio de la confusión. Cuando Jurozaemon encontró a Kinbei y salió en su persecución, este se dirigió corriendo al lugar donde acampaban los soldados rasos. Allí, Tanaka Takeuemon, el asistente del palanquín del daimio, hizo frente a Jurozaemon y le quitó la espada, aún desenvainada. Ishirnaru San'emon fue tras Jurozaemon y, llegados a la zona de los soldados rasos, ayudaron a Takeuemon.

El castigo fue dispensado el vigésimo noveno día del decimoprimer mes de ese mismo año. Jurozaemon fue atado y decapitado. Rokuuemon, Tarobei, Kinbei y Riemon fueron desterrados, y a San'emon le obligaron a retirarse. Takeuemon recibió una recompensa de tres monedas de plata.

Más tarde se dijo que Takeuemon había sido lento en actuar, porque no había atado al hombre nada más llegar.

武士道

Entre los siervos de Takeda Shingen había hombres de coraje incomparable, pero cuando Katsuyori murió en la batalla de Tenmokuzan, todos huyeron. Tsuchiya Sozo, un guerrero que durante muchos años había perdido el favor de su señor, se adelantó en solitario a pesar de todo y dijo: «Me pregunto dónde estarán todos los hombres que tan valientes palabras pronunciaban todos los días. Recuperaré el favor de mi señor». Y murió solo en la batalla.

武士道

La clave de la oratoria es no hablar. Si crees que puedes acabar algo sin hablar, hazlo sin pronunciar una sola palabra. Si algo no puede culminarse sin hablar, hay que decir pocas palabras, siempre de acuerdo con la razón.

Abrir la boca irreflexivamente lleva a la deshonra, y no serán pocas tales ocasiones en las que los demás nos vuelvan la espalda.

武士道

Un devoto del *Nembutsu* recita el nombre de Buda con cada inhalación y exhalación para no olvidarlo nunca. El siervo debería hacer exactamente lo mismo con el nombre de su señor. No olvidar al señor es la labor más fundamental para cualquier siervo.

武士道

Los hombres que saben morir bien son hombres valerosos. Hay muchos ejemplos. Pero los que hablan de forma muy rebuscada a diario y se ponen nerviosos ante la muerte, destacan por su falta de valor.

武士道

Entre los principios secretos de Yagyu Tajima no-kami Munenori, está el dicho: «De nada sirven las tácticas militares para el hombre fuerte». Prueba de esto es que, una vez, un vasallo del sogún acudió al señor Yagyu y le pidió que lo aceptara como su discípulo. El señor Yagyu dijo: «Pareces ser muy hábil en una de las escuelas de artes marciales».

Pero el otro respondió: «Jamás he practicado ninguno».

Y el señor Yagyu dijo: «¿No has venido a burlarte de Tajima no-kami? O mucho me equivoco, o eres el maestro del sogún». Pero el hombre juró que no y el señor Yagyu preguntó: «Si es así, ¿acaso no tienes ninguna creencia profunda?».

El hombre respondió: «Cuando era un niño, un día me di cuenta repentinamente de que un guerrero es un hombre que no aprecia su propia vida. Como he atesorado esa idea en el corazón durante muchos años, se ha convertido en mi creencia más profunda, y hoy nunca pienso en la muerte. Aparte de eso, no tengo ninguna convicción».

El señor Yagyu quedó profundamente impresionado y dijo: «No me había equivocado en absoluto. El principio más arraigado de mis tácticas militares es precisamente ese. Hasta el momento, de entre los centenares de discípulos que he tenido, ninguno gozaba de este principio tan arraigado. No será necesario que cojas la espada de madera. Te iniciaré ahora mismo». Y se dice que le entregó inmediatamente el título certificado.

Esta historia la cuenta Muragawa Soden.

武士道

Hay que meditar diariamente sobre la inevitable muerte. Cada día, con la mente y el cuerpo en paz, debemos meditar sobre vernos atravesados por las flechas, las balas, las lanzas y las espadas; sobre que nos arrastren oleadas de enemigos; que nos arrojen al centro de una gran hoguera; que nos caiga un rayo; que nos mate un terremoto; que nos caigamos de un acantilado de cientos de metros de altura; que muramos de enfermedad o cometiendo *seppuku* tras la muerte de nuestro señor. Y, todos los días sin falta, debemos considerarnos muertos.

Los ancianos suelen decir: «En cuanto te asomas por el alero, eres hombre muerto. En cuanto sales por la puerta, el enemigo acecha». No se trata de ser cauto, sino de considerarse muerto de antemano.

武士道

Los demás se convertirán en tus enemigos si adquieres importancia demasiado deprisa en la vida. Ascender lentamente en el mundo proporciona aliados y asegura la felicidad. A la larga, seas rápido o lento, mientras la gente te comprenda, no habrá peligro. Se dice que la mejor fortuna es la que los demás te desean.

武士道

Los guerreros antiguos se dejaban bigote ya que, como prueba de que habían abatido a un hombre, los enemigos le cortaban la nariz y las orejas y se las llevaban a su campamento. Para que no hubiese lugar a error sobre si la víctima era un hombre o una mujer, también cortaban el labio superior, con el bigote, junto a la nariz. En aquellos tiempos se tiraba la cabeza si no llevaba bigote, pues alguien podría pensar que era la de una mujer. Así, dejarse bigote formaba parte de la disciplina del samurái para que no tirasen su cabeza en el momento de su muerte. Tsunetomo dijo: «Si te lavas la cara con agua todas las mañanas, cuando te maten tu expresión no cambiará».

武士道

La expresión «persona del norte» procede de una tradición relativa a la buena crianza de los hijos. La pareja ha de colocar sus almohadas mirando hacia el oeste, y el hombre, tumbado en el lado sur, mirará hacia el norte, y la mujer, tumbada en el lado norte, mirará hacia el sur.

武士道

Para criar a un hijo, primero hay que fomentar en él el sentido del coraje. Desde su juventud, el niño debe respetar a sus padres como si fuesen su señor y aprender las normas de educación y cortesía, el servicio a los demás y la oratoria, así como la templanza e incluso la forma correcta de caminar por la calle. A los ancianos se les enseñaba de esa manera. Si no se esfuerza en sus tareas, hay que reprenderlo y dejarlo sin comer durante todo el día. Esta es también una de las disciplinas de los siervos.

En cuanto a la niña, es muy importante enseñarle la castidad desde su más tierna edad. No ha de estar acompañada por un hombre a menos de dos metros ni ha de mirarlo directamente a los ojos, así como tampoco recibir objetos directamente de sus manos. Tampoco debe salir de excursión o ir a los templos. Una mujer que ha sido criada estrictamente y ha soportado los rigores de la disciplina en su casa no sufrirá molestias cuando se case.

Al tratar con niños más pequeños, debemos emplear las recompensas y los castigos. Si nos descuidamos en vigilar que hagan lo que se les dice, acabarán volviéndose egoístas y serán proclives a meterse en problemas. Es algo con lo que conviene ser muy cuidadosos.

Capítulo 12
Conversaciones insustanciales
a altas horas de la noche

Como siervo del clan Nabeshima, uno ha de estar abierto a estudiar la historia de la provincia y sus tradiciones, pero tales estudios son muy superficiales hoy en día. La razón básica de tales estudios es comprender los orígenes de nuestro clan y saber que nuestros antepasados establecieron su perpetuidad gracias a su sufrimiento y su compasión. El hecho de que nuestro clan haya perdurado desde entonces sin conocer rival hasta el mismo día de hoy se debe a la humanidad y el valor marcial del señor Ryuzoji Iekane, al altruismo y la fe del señor Nabeshima Kiyohisa y a la apariencia y el poder de los señores Ryuzoji Takanobu y Nabeshima Naoshige.

Se me escapa por completo por qué esta generación se ha olvidado de estas cosas y prefiere dedicar sus respetos a los Budas de otros lugares. Ni el Buda Shakyamuni, ni Confucio, ni Kosunoki, ni Shingen fueron jamás siervos de los Ryuzoji o los Nabeshima, por lo que puede aseverarse que nunca estuvieron en armonía con las costumbres de nuestro clan. Tanto en los tiempos de paz como en los de guerra, bastaría con que los de las clases altas y bajas adorasen a nuestros antepasados y estudiasen sus enseñanzas. Lo normal es adorar al líder del clan o la disciplina a la que pertenezca. La búsqueda de enseñanzas fuera del clan por parte de nuestros siervos es algo inútil. Puede pensarse que no pasa nada por estudiar otras disciplinas a modo de distracción tras completar los estudios sobre la propia provincia. Aun así, si un hombre entiende correctamente los estudios provinciales, descubrirá que no le hará falta nada más.

Hoy en día, si alguien de otro clan preguntase acerca del origen de los Ryuzoji y los Nabeshima, o por qué el feudo fue traspasado de los primeros a los segundos, o si preguntase algo como: «He oído decir que los Ryuzoji y los Nabeshima son los más grandes de Kyushu por sus gestas de valor marcial, pero ¿podrías contarme algún detalle?», supongo que alguien sin un profundo conocimiento sobre la provincia sería incapaz de dar respuesta alguna.

Para un siervo no debería haber nada más importante que cumplir con su trabajo. Por lo general, a la gente no suele gustarle el trabajo que hace, hallando más interesantes los de los demás, y eso causa malentendidos y completos desastres. Buenos ejemplos de hombres que cumplieron con sus deberes son los señores Naoshige y Katsushige. Los siervos de aquella época cumplían con sus deberes. Entre los hombres de clase alta se buscaba a los que pudieran ser más útiles, mientras que entre los de clase baja interesaban los que deseaban servir. Ambas clases estaban de acuerdo y la fuerza del clan estaba asegurada.

En todas nuestras generaciones de señores, jamás ha habido uno malo o necio, y en los tiempos recientes ninguno ha estado por debajo del daimio de Japón. Sin duda es un clan excepcional, y todo gracias a la fe de sus fundadores.

Más aún, jamás enviaron a los siervos del clan a otras provincias ni invitaron a los oriundos de aquellas. Los que pasaban a ser *ronin* se quedaban en la provincia, así como los descendientes de quienes eran obligados a cometer *seppuku*. La maravilla de nacer en el seno de un clan con un compromiso tan profundo entre señor y siervo es una bendición difícil de explicar, legada generación tras generación, desde los habitantes de las ciudades hasta los campesinos. Y ya ni hablemos de los siervos.

Los principios básicos de un samurái de Nabeshima deberían pasar por entender esto; por estar firmemente resuelto a devolver esta bendición resultando útil; por servir con creciente abnegación cuanto mejor sea el trato de su señor hacia él; por la convicción de que recibir la orden de convertirse en *ronin* o de cometer *seppuku* es también una forma de servicio; por tener siempre en mente el bienestar del clan, haya sido desterrado a las montañas más lejanas o enterrado en lo más profundo. Aunque es impropio que lo diga alguien como yo, cuando muera, mi esperanza es la de no convertirme en un Buda. Prefiero poner mi fuerza de voluntad en ayudar a gestionar los asuntos de la provincia, aunque tuviera que nacer siete veces como samurái de Nabeshima. No se necesita vitalidad ni talento. En una palabra: es una cuestión de tener la voluntad de sostener al clan por uno mismo.

¿Cómo puede un ser humano ser inferior a otro? En todos los aspectos de la disciplina, uno es inútil a menos que tenga un gran orgullo. Por mucha disciplina que uno tenga, le resultará del todo inútil a menos que uno esté decidido a llevar el peso del clan sobre sus propios hombros. Si bien es fácil que el entusiasmo se enfríe, como una tetera, existe una manera de evitarlo. Mis votos son los siguientes:

- Nunca dejarme superar por la Senda del samurái.
- Ser útil para mi señor.
- Procesar amor filial hacia mis padres.
- Manifestar una gran compasión y actuar por el bien de los hombres.

Si pronuncias estos cuatro votos a los dioses y los Budas todas las mañanas, tendrás la fuerza de dos hombres y jamás te verás forzado a dar un paso atrás. Hay que avanzar poco a poco, como las orugas. Los dioses y los Budas también dieron sus primeros pasos con estos votos.